如果能撫平悲傷

3.11後的奇蹟相會，歷時三年半深度傾聽，
16篇「無法證實」的真實故事

日本
知名紀實作家
奧野修司
張秀慧——譯

魂でもいいから、そばにいて
——3.11後の霊体験を聞く

目錄

推薦序

準備啟程

春之旅

夏之旅

秋之旅

旅程之後

與靈魂的深情相會

李嗣涔，台大前校長

二〇一一年三月十一日發生在日本大地震及引發的海嘯奪走了一萬八千人的生命，作者經過了三年半的訪問紀錄了16個案例，由當事人述說夢到或遇到死亡親友或是陌生人的故事，作者雖然不能證明為真實，但是對當事人而言那是毫無疑問確實發生過的事情，這些奇遇顯示人死後雖然肉體消失但是還有靈魂留下來。我自己就有過類似的經驗，20年前台大電機系有一位詹教授因鼻咽癌過世，頭七那一天是週末，我正好在台大電機館一樓會議室做手指識字實驗，有功能的T小姐突然跟我說：「後門口附近有一個靈坐在椅子上」，我們一般人當然看不見，於是我請T小姐去溝通一下，結果那個靈說：「我好久沒吃東西了，想吃一點東西」，我就請一位在場懂得餵食咒語的學生帶他去學生餐廳感受吃食物的感覺。後來我恍然大悟那就是詹教授的靈魂，由於詹教授鼻咽癌最後三個月無法進食，只能插管餵食，因此還很懷念食物的感覺，趁頭七的日子回到熟悉的地方找到可以溝通的對象，來滿足他尚未衰退的人間意識。

因此我完全可以接受這16個故事，也相信他們是真實的，而不僅是由於極度思念親人而產生的幻覺，從這些故事裡我們可以看到由於與親人靈魂的接觸讓他們相信「我將來會與失去的親人相見」，這不但撫平了當事人悲傷的心情，也讓他們有了活下去的勇氣，與靈魂相會是人生難得的經驗，充滿了震撼力與啟發性，原來人的靈魂是不會死亡的。

療癒創傷的方法

盛浩偉，作家

二〇一〇年十月，我申請上日本東北大學的交換學生，赴仙台讀書。隔年二月學期結束，正巧回臺灣過農曆新年，順便放一個月的寒假；本來是訂好三月十二日的機票飛回仙台的，卻沒想到，就在三月十一日，得知東北大地震的消息。

直到今日我都深刻記得，看到那些曾經熟悉的景象崩毀、海嘯漫漫淹沒一切的瞬間，心中所浮現的感受。從不可置信，到震驚，瞠目，沒有言語，以及沒有盡頭的悲傷。

沒有親身在現場，我的心卻彷彿經歷了一場巨大災難，受了好大的創傷。多年以後，我更開始驚覺：連沒有親身在現場、只是去過當地、短居幾個月的我，都會有這種感受了，那麼真正的親歷震災的當地居民，他們的感受，又將會比我多出多少倍呢？

他們心裡所受的創傷，肯定深不見底。

只要有足夠的金錢，要重新搭建物質世界，像是房屋、道路、公共建設，都並不是太困難的事；但卻有某些事，再多的錢都無法撫平、還原。那該怎麼辦呢？

日本資深記者兼非虛構寫作家的奧野修司寫下的《如果能撫平悲傷》，給的答案，竟然是「鬼」。書裡收錄的內容，直白來說，其實就是十六則感人而不嚇人的「鬼故事」。但是，為什麼是鬼？或者，什麼是鬼？而對於以傳遞「真實」為己任的記者與非虛構寫作家來說，鬼又真的存在嗎？

讀完這本書就能理解，鬼，其實就是愛，是思念，是不捨，是舒緩現實寂寞與痛苦的方法，是人類對於超乎自身理解能力的悲劇的解答。

讀完這本書就能明白，在那樣巨大的悲劇面前，任誰都會寧願相信，鬼是真實存在的。

愛過了，就將永遠陪伴

張維中，作家

一邊讀著奧野修司的這本《如果能撫平悲傷》採訪實錄，一邊忍不住回想起東日本大地震時，我在東京的那一日。

如果曾共同經歷過３１１地震發生的那一天，我想，無論是日本人或是像我這樣身在日本的外國人，每個人的心底，肯定都會因為那份集體記憶，被牽繫在一個難以言說清楚的生命共同體。那跟走過台灣九二一大震的經驗有些不同。除了地震與核電廠爆炸本身的恐怖以外，或許是因為「東日本大震災」發生在一個網路社群更發達的年代。所有不可思議的畫面更如實、直接地重複在我們眼前，因此更顯驚悚震撼。

許多年過去了，如今那些影像只要在網路上一搜尋，仍能完整被呼喚而出。可是，對於在那場地震和海嘯裡，真實面對過生離死別的災民來說，相信他們最傷悲的部分，永遠不是這些殘酷畫面就足以傳遞的吧。

在日本「口述歷史」一直是很被重視的事。正是因為有太多災難背後的事，是無法以畫面表達和流傳的。閱讀《如果能撫平悲傷》時，我更加深刻地對此有所感觸。經由災民口中傳述而被記錄下來的這些故事，看似極不尋常，然而，只有他們才是真正在第一現場經歷過事件的人，因此這些不約而同的事件，也就無法單純地只用靈異兩個字來概論了。

作者在文末寫著「不是只有形體才會存在於這個世界」，這句話我是願意相信的。世界和命運一樣難以理解，當然可能以超越我們的認知方式在運轉。當我們相信聲光風影，都是離人的信號時，愛過了，就將永遠陪伴。

３１１的遊魂，還在低頭哭泣

蔡增家，政治大學國際關係研究中心教授

每段旅程，都像是一種美麗動人的邂逅，就如同每個災難的背後，也有一段不為人知的故事，只是，傾聽旅行可以撫平傷口，而傾訴失去親人的苦痛，卻是一次次地掀開內心的傷口。

３１１東日本大震災發生至今已經將近八年了，在對講究效率的日本政府來說，災區重建的工程早已完成，從氣仙沼到相馬町，一切似乎如同往昔，完全看不到任何災難的痕跡。然而，硬體要重建相當容易，失去親人的苦痛，卻是讓人久久難以平復，３１１大地震的一萬八千名死者，猶如一萬八千個生離死別的故事，這些故事掩藏在災民的內心深處、無處宣洩，這讓災區瀰漫著一股淡淡的哀愁。

過去有人形容日本是一個不會哭的民族，在避免給別人添痲煩，影響別人情緒下，他們總是默默掩飾自己的喜怒哀樂，把失去親人的至恆哀痛，埋藏在自己的內心深處，這對心理學來說，雖然是一種不健康的行為，但這卻是大和民族賴以生生不息的力量。

本書作者奧野修司利用三年多的時間，深入福島災區，訪談災民們內心的故事，然而，對一個從未謀面的陌生人，傾訴自己的悲傷，這對於極度壓抑的日本人來說，是多麼的不容易事啊。但是極有耐心的奧野，卻猶如三顧茅廬般的多次探訪災民，逐漸卸下他們的心防，編織成一段段動人的故事。有妻子在半夜，仍聽到死於海嘯的丈夫說：「我回來了」，也有人看見死於地震的母親的臉，浮現在避難所的牆上，更有人收到死去哥哥的簡訊，寫聲：「我愛你。」

這種無法證實為真的故事，卻彷彿是３１１後的奇蹟相會，它們如同苦口良藥，逐漸撫平災民多年來的悲傷。由此可見，３１１雖然早已遠逝，但，它所帶來的悲痛，卻仍然徘徊不去。也彷彿３１１的遊魂，還在低頭哭泣。

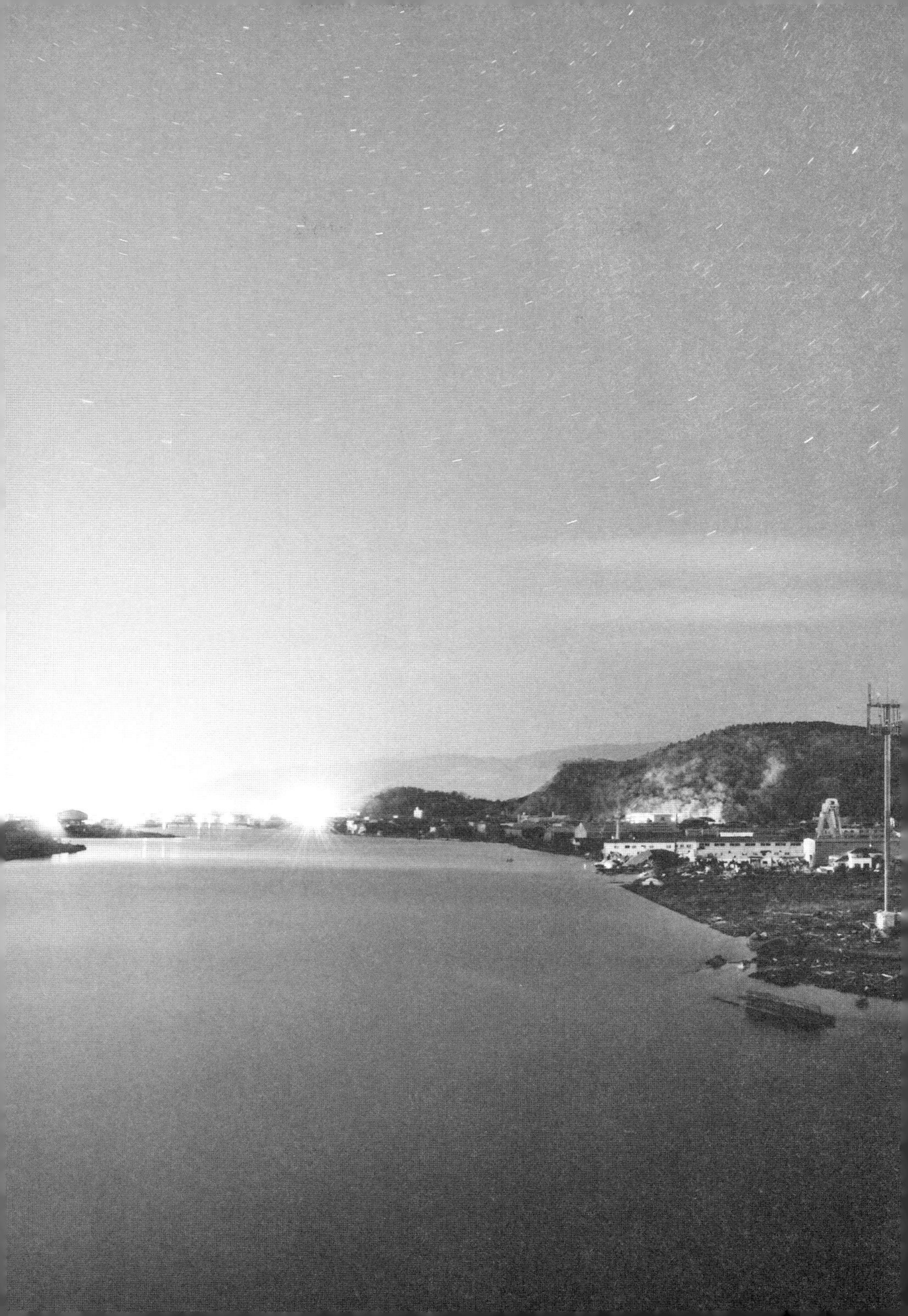

準備啟程

東日本大地震造成的失蹤、死亡人數超過一萬八千名。而不知從何時開始，受災區內出現了「有人經歷一些奇妙的事」的傳聞。那些事情深藏在許多人心中，只透過口耳相傳，是非常珍貴的「與亡者相遇」的體驗。那同時也是亡者向生者傳達的訊息。

被海嘯沖走的祖母，某天早上穿著外出服、面帶微笑地坐在屋外走廊；被睡夢中出現的「那個人」抱住，好似能感受到他的體溫；撥打已死親友的手機號碼，還聽見了對方的聲音；被海嘯帶走的兒子平常玩的玩具忽然動了。

我接下來所寫的，都是像這樣只能用「奇妙」來形容的故事。並非所有人都有過這種經歷，所以我不在意各位是否相信。而且這些故事也無法重現，不可能去證明它的真實性。但我憑著自己的判斷，寫下我認為實際發生過的故事，再分享給各位。有可能是真實的，也可能不是，但我堅信，對有過奇妙經歷的人來說，那都是「真實」的。

東日本大地震發生之後，約有兩年的時間，我每一個月幾乎都會到受災區採訪。就像是出門去工作，我必須這樣做，不是去參加志工，當然也不是去遊山玩水，而是去採訪那些曾有過奇妙體驗——也就是靈異經歷的人。為什麼對此有興趣呢，讓我稍微解釋一下。

地震發生的隔年，我由於參與居家安寧療護活動，每週都會到宮城縣的岡部醫院，與照顧超過兩千名患者的岡部健醫生會面。他是一位專治癌症的醫生，某天卻發現自己患了胃癌，只剩下十個月的壽命，而我見到他的時候，他早已經活超過了預估的十個月。與他的談話中，我注意到他用了「迎接」這個說法。像是「在瀕死階段見到已故雙親」的情形，我們稱之為「迎接」，也就是在瀕死時見到過世的人、或平常不可能會看到的景象。這個我平常就會使用的說法，不知從何時開始，變成了帶有幻覺與妄想的語詞。我一直對這件事耿耿於懷，認識了岡部先生之後，雖然覺得有點不禮貌，但我還是開口問他。

「你相信死時會有『迎接』嗎？」

聽了我的問題，岡部先生直盯著我看：「你應該不知道迎接發生的機率吧，我們醫院的病患，有百分之四十二的人經歷過迎接，沒聽過迎接的醫生根本算不上醫生。」

口吻聽起來像是在傳教。

他這麼說，讓我非常開心。

一千多年前，比叡山有一個以天台宗高僧源信為中心的團體。他們會在快要離世的夥伴耳邊，輕聲問他看到了什麼景象，然後記錄下這些最後的話語。因為人應該會在死前看到天堂或地獄，所以他們相互約定，要把死前所見告訴在一旁照護的人。如果在這時看到了什麼，那應該就是「迎接」了。如果一千多年前就已經有這種說法，表示這並非一種特殊現象，而是人類在瀕死過程中所發生的自然現象吧。我很高興知道岡部先生跟我有同樣想法。

指引我去接觸臨床瀕死現象的，是受災區的「靈異故事」。

其實有一位計程車司機告訴過我：「有次我載客，要從宮城縣古川車站到岩手縣陸前高田的醫院，結果到了目的地，眼前卻只看見地基。人客，不好意思——我回頭望去，一個人影都沒看到。」

此外，我和仙台的室內裝潢業者一起吃飯時，對方不小心說溜了嘴。

「發生地震的那年夏天，因為要趕工建好臨時住宅而工作到半夜，忽然有一群人在窗外窺探。那時似乎聽見年輕女子的聲音，問說『我已經死了嗎』。我們驚嚇之餘，連忙看清楚窗外，卻真的看見鬼了。」

也有大學的女學生這樣說。

「我走到閖上大橋附近，看見高中時期常約在這裡碰面的閨蜜。可是她跟她媽媽都已經被海嘯給沖走了呀！」

某一位婦人也曾告訴我。

「有一天，我聽到有人按門鈴，打開門一看，外面站著一個全身濕透的女人。雖然覺得有些奇怪，但因為她請我借衣服給她，所以我還是拿衣服給她然後把門關上，緊接著又聽到門鈴響了。打開門一看，這次竟然有一大群人喊著『借我衣服』！」

在石卷，有些道路由於發生了許多行車時撞到「人」的事故，所以就被封閉了。

簡直有如都市傳說般的恐怖經歷，但在當時，有相當多這類奇妙的傳聞。

「這就跟我們說的『迎接』一樣，有必要好好去了解。」岡部先生若無其事地看著我說。

雖然我也曾有過臨床瀕死的經驗，但說不上是靈體感應。所以對當時的我來說，這好比要我去調查飛碟事件那般無法置信。

「以現代科學來說，具備再現性是基本原則吧？但鬼魂就……」

「不行嗎？」

「看來你沒什麼興趣。」

「可是你想想，經歷震災的人有兩成以上都見過喔。兩成耶，這個數字算很高了。其實就跟瀕死時的『迎接』差不多吧？」

但我仍然無法點頭答應。

過了一陣子，岡部先生打電話給我，說要告訴我某些事，不知道是關於什麼。去了之後，岡部先生對我說「要你寫靈異的東西還真是不好意思」，語氣有些神祕。

「我們可以用臨終前的生理狀態來解釋臨床瀕死的『迎接』現象，但鬼魂卻是在意識正常、身體沒有任何異常狀態下遇到的。這跟個人經歷、宗教觀都沒有關係。換句話說，這應該是腦循環功能下降，或者是一種生理狀況。我想在這個認為所有事物都能合理預測的社會，只有發生某種崩壞時，它才會出現。」

「也就是像發生大震災這種，造成停電、土石流，讓建築物被海嘯沖毀等讓社會崩壞的事件？」

「沒錯。就像集體潛意識那樣，是隱藏於人內心深處的某個機制，因此引爆的關鍵點就是強烈的恐懼。在無法預測的自然世界中，這或許是人類一種生存的能力吧！」

「在所謂的黑暗時代確實如此。」

「我想到，柳田國男的《遠野物語》是一本關於鬼怪的書。柳田先生在第九十九話寫道，有個男人看見了死於明治三陸地震海嘯的妻子。在那個世界，妻子跟婚前的對象交好。雖然不知道她為何刻意跟其他人一起出現在丈夫眼前，但是看到亡妻歸來，作者卻沒有描述任何恐怖的情節。我想這無關乎恐怖。因為見到家人的靈魂，跟看到陌生人的靈魂感覺完全不同。」

有一位老人曾告訴我，當年沖繩戰爭如火如荼展開時，他逃往北方的高山地區，而後多虧先前戰死的兄長指引，最後才幸免於難。如此與靈魂相遇的經驗真是九死一生。在談話中，老人沒表現出一絲害怕。

「害怕與否，應該與靈魂再現的死者以及遇見靈魂的生者——兩者之間發生過的故事有關吧。」

「確實如此。」

「這又是為什麼？應該與靈魂或特殊現象都無關。現代科學仍無法處理這個問題。科學即使是以『再現性』自豪也難找出答案。至少對《遠野物語》中的那個男人來說，見到亡妻的靈魂是事實。」

「靈魂雖然無法以科學方法驗證，但對於見過靈魂的生者來說，那是再真實不過的。」

「這該說是人類與生俱有，抑或是受到集體潛意識的影響。最終，靈魂都成為人類的宗教信仰，並融入文明或文化當中。」

話雖如此，在一九九五年的阪神大地震後，並無太多遇見靈魂的傳聞，但為何東日本大地震卻如此多呢？或許，是因為東北地區有著根深柢固的民俗宗教思想，所以才深信靈魂真實存在。不難想像在地震發生後，許多災民喊著「牌位呢？祖先牌位在哪裡」，在瓦礫堆中不斷搜索著。

岡部先生說，岡部醫院有一位護理師，他站在被海嘯沖毀的地方時，內心感覺到人類的「死」並非個人死亡，而是本屬大自然的生命體又回歸到大自然的現象。他以沙丁魚譬喻，形容人類不過是沙丁魚群中的一隻，正如日本國民作家五木寬之在《大河中的一滴水》中說明的一樣，「所有人都好比大河中的一滴水，終究會流往大海，終究會蒸發回到天上」。人類原本就是大自然的一部分——如此想法孕育出人類的宗教觀。或許在東北地區，這般宗教觀堅定地流動在潛意識當中，讓他們容易看到或感受到靈魂。如果用「那個世界」或者「涅槃世界」來解釋大自然眾生，可能會更容易理解。

我說：「關鍵可能在於連結生者與死者的故事。」

岡部先生接著告訴我這件事。

「聽說有一個大嬸住在石卷，附近鄰居告訴她：『妳丈夫的靈魂出現在十字路口

（國道三百九十八號線）。』所以她可能在想，丈夫怎麼不出現在自己面前，卻又說不出口，所以我聽說每天晚上她都會去十字路口那裡，等待思念的丈夫。」

我聽完這感人的故事後，內心除了安定，也莫名覺得激動。目前為止，我以為每個人看見鬼魂都會害怕，但對於往生者的家人或戀人而言，鬼魂非但不可怕，反而會想見上一面。對這些人來說，此岸與彼岸並沒有差別。即使至關重要的人過世了，也沒有人會因為相逢而害怕。與害怕相反，與往生者歷經深深悲傷的團聚之後，遺留在世的人將能得到平靜、希望與欣慰。

「你心有所感嗎？」

在岡部先生過世前的三個月，他拖著被癌細胞侵蝕的身體躺在沙發上，眼神如孩子般閃閃發光地問著我。

「好吧，好吧……」

我無奈地乖乖接受了，如此慫恿實在很難拒絕。雖然有些後悔，但能聽到生者的故事讓我覺得相當有意義。我告訴自己，是時候開始工作了。

就這樣，我將踏入那個與海嘯罹難者「重逢」的故事的世界。

東日本大地震的死者以及失蹤者超過一萬八千人——傷亡人數確實相當多，但這個數字的意義為何？死於第二次世界大戰的日本人有三百萬，數字確實相當龐大，但對於未曾經歷戰爭的人來說，這個數字就只是數字。而隨著時光推移，一萬八千名失蹤、死亡的數字，對於未受影響的人而言，最終也會成為一個無意義的記號。這個記號在人與人之間流傳，只被傳達而不被理解，不管那些人是否有妻兒，是否有最愛的人，或者喜歡哪種音樂。如果他們還在世的話，應該就會有一萬八千則故事了。

留下的人應該也會有一萬八千則，不，應該超過一萬八千則故事才對。不可思議的經歷也會成為一個故事。在聆聽奇妙體驗的同時，留下來的人會如何編織那個與往生者有關的故事呢？我想盡可能記錄這些故事——走過依舊散落碎石的災區時，我內心默默想著。

春之旅

1 我哪裡也不去

龜井繁的經歷

我在仙台車站轉乘常磐線，前往宮城縣南部的亘理郡。一路上，東北本線的風景和常磐線沿途完全不同。窗外的景色異於北方，天際相當遼闊，地勢看起來十分平坦，一路延伸至海岸線，彷彿原野就在眼前開展。從前，或許可以看到建築物，不過都因為海嘯而倒塌消失了，就連原本聚集在此處的村落也只剩得水泥地基，像是被硬生生拔除，絲毫沒留下半點痕跡。據聞，這一帶有將近一千人死於海嘯。

抵達亘理郡前的三十分鐘，我跟坐在隔壁、原為草莓農的老人交談，根據他的說法，這裡的草莓農業一度相當繁榮，不過在海嘯摧殘之後，幾乎所有溫室都被沖走，現已積極修復至原本的狀態。然而，溫室的價格高得難以想像，甚至相當於一間房子。

「你很懂嘛。受海嘯影響的眾多農家，當中只有少數人仍有錢重建。震災後，城市裡握有資金的人來到內陸區重建溫室，然後雇用我們這些年事已高的草莓農。」與老人閒談之下，三十分鐘很快就過去了。我在亘理車站搭上接駁公車，往相馬前進。

下了公車後，龜井繁先生（44）已經在那裡等我了。我們先去看龜井先生與家人住過的房子殘骸周遭。

車子行駛在國道六號線，朝南方前進。左側隱約能看見太平洋，此處距離海岸線應該不超過三公里。

「震災發生時，海嘯沖到這條路前方大約一百公尺處。」

這一帶的海岸都屬於淺灘，沙灘一直延伸到大海裡。漁業方面則是以北寄貝、鰈魚等棲息在沙地的魚貝類為主。在江戶時期之前，這沙灘是一片鹽田，而跟鹽田並列的就是連接仙台、江戶兩地的「江戶海岸公路」。在這片風光明媚的土地上，海岸地帶被稱作「宮城的湘南」，這裡住了發現痢疾桿菌的細菌學家志賀潔，以及出身仙台的文人墨客。

現在已看不到受衝擊的房屋殘骸了，道路恢復整齊，農業用溫室及工廠也都開始建蓋，完全無法想像海嘯曾沖到國道六號附近。但在車上，龜井先生這樣說。

「復原與支援需要大筆金錢，牽扯到經濟上的問題。雖然這是必然，但對於失去至親的人來說，無論經過多少年都難以復原。」

此時，只聽見車窗外的風聲呼嘯而過。

龜井先生的住宅遺跡位於車站附近，由於臨近海洋，所以能嗅聞到浪潮味。車站前有一家很像販售亭的雜貨店，看來這一帶應該原為住宅區，現在卻絲毫看不出來，就只是一片荒蕪原野。像我這種局外人難有深刻的體會，但熟悉周遭環境的人，一定難以接受眼下的光景。雖然是鄉下，但也曾經商店林立，現在卻有如神隱一般憑空消失。

龜井先生站在馬路中央，瞇起眼睛，似乎這樣做就能喚起地震前那人潮穿梭的街道。

「只要來這裡，我不管過了幾年還是無法相信眼前所見。」

龜井先生喃喃自語。接著指向山邊。

「我家被沖到國道那裡。」

當時，家中一歲十個月大的次女與三十九歲的妻子，一起跟著房子被海嘯沖走了。這裡是龜井太太的娘家，因為太太是獨生女所以他們才搬來跟父母親一起住。

亘理郡遭海嘯侵襲當天，龜井先生在照護機構工作，而小學四年級的長女在離家約一公里遠的學校上課。

「長女平安無事嗎？」

「嗯嗯，我岳父去學校接她，回家途中看到海嘯沖過來，慌亂之下逃到高處的神社。爬到神社之後，海嘯就沖到神社下方了，真是千鈞一髮。如果再往前走一點，女兒跟岳父恐怕也會被沖走，非常驚險。家長還沒來接的其他小學生，全都跑到學校的屋頂上，也逃過一劫。老師們原以為我家女兒已經過世，震災後再相遇時，還嚇了一大跳。

妻子和次女待在家裡，或許正在等著阿公跟姊姊回家。聽說我家附近的海嘯有十多公尺高。」

「現在說這個只是多餘，不過，開車去接姊姊的時候，如果媽媽他們跟著一起去就能逃出來了。」我說。

「不是開車，是騎腳踏車。」龜井先生低聲說，然後陷入沉默。

「後來我才知道，因為岳母開車去醫院，所以岳父才會騎腳踏車到學校接長女。如果現在還在埋怨『要是有另外一台車就好了』的話，那可能會沒完沒了。但遺族就是會這樣胡思亂想。」

龜井先生工作的照護中心，距離家裡大約十分鐘車程。這件事也讓他相當懊悔。「簡直近在咫尺，如果馬上趕過去就好了。可是因為照護中心開幕，我才會留下來幫忙。

那裡是專為老人設置的機構，由於地勢較高而不受海嘯衝擊。地震之後，頂多就只是稍微檢查一下。想到這點，就非常後悔為何自己不去救自己最愛的人。現在的罪惡感也絲毫不減。從那裡又不用多久，只要十分鐘而已，只要想去還是去得了的，這個想法不斷出現在我腦中，讓我十分懊悔。那時，如果我能不顧其他人勸說，執意去接家人就好了。海嘯來的地方是屬於沉降海岸的三陸。我心想，要是有什麼危險，電視新聞應該會報導，錯就錯在根本沒料到會有海嘯。

我因為聯絡不上妻子心裡七上八下，然後沒過多久，從手機行動電視看見氣仙沼已成一片火海，仙台海岸也發現了許多屍體，還有許多更加令人擔心的新聞。不過卻沒有聽到我家一帶的新聞，想說應該沒問題。太陽下山後，終於離開公司要回家看看，結果全都沉在水底，完全沒辦法靠近。

隔天早晨，太陽出來之後，我往城裡望去，原本的住宅區都變成了沼澤，靠山的那一邊，盡是一片散亂的瓦礫。去避難所也找不到妻子和女兒。平地上根本沒有能逃跑的地方。是不是來不及逃？我越想心裡越是不安，已沒有心思去在意他人目光，眼淚不聽使喚地落下。為什麼我沒去救自己心愛的人呢？尤其是知道發生地震到海嘯到達，中間有一個小時的空檔，讓我更加懊悔。應該有時間去救他們的，我就這樣不斷自責。現在仍覺得十分罪惡。

過了兩週，才找到我的妻子跟女兒。一想到這段時間他們全身冰冷地躺在那裡，我有好長一陣子根本無法洗熱水澡。只有我洗熱水澡的話，實在太對不起妻子跟女兒了。」

房子只剩下水泥地基。這裡應該也會整理吧？我詢問站在房子殘骸的龜井先生，他的神情悲傷。

「只要房子地基還在，我就可以想起當時的事。如果把這裡剷平，我就沒有能慰問亡靈的地方了。其他人應該也跟我一樣。反正這裡沒有那麼多居民，所以如果沒有用到，就維持原樣不要去清理。我想，遺族都想跟往生者度過剩下的歲月吧！」

後來龜井先生和長女一起回老家生活。因為在高地，所以不必擔憂海嘯侵襲。長女現在是個高中生了。

佛壇放在六張塌塌米大的房間，披著新娘頭紗。牌位旁的相片上，龜井太太抱著次女，露出甜美笑容。佛壇四周放置了許多供品。在海嘯中失去孩子的父母親應該都會這麼做吧，除了孩子喜愛的玩具和食物，也會擺一些充滿回憶的物品，把狹窄的佛壇放得滿滿的。也有像是從瓦礫堆找回的繪畫板、羽子板[1]、皮卡丘布偶、米老鼠和麵包超人玩偶還有球等，東西多到像是要淹沒整個房間。

長女雖然不常提到過世的母親與妹妹，但只要收到禮物或在遊樂中心贏來東西，都會放到佛壇上，然後跟母親與妹妹報告。

佛壇上並置著一大一小的骨灰罈，是妻子和女兒的骨灰。通常，失去孩子的人不會做納骨儀式。因為不願把年幼的孩子放在那冰冷的寺中，龜井先生也一樣。

「聽說不納骨入寺就無法成佛，但如果成佛就會離開的話，那不要成佛比較好。希望能夠留在我身邊，隨時都能夠出現。」

佛壇前，堆滿了龜井先生妻子和女兒的遺物。

1 日本傳統中用來打板羽球的木板，長方形而有花樣，類似今日的羽毛球拍，分為比賽用與裝飾用兩種。

兩人的遺體在三月二十四日被找到，由於罹難者實在太多，當地並沒有合適的地方能火化。「要把心愛的人的身體燒掉」，龜井先生煩惱了好一陣子，最後實在沒有其他辦法，於是也開始找火葬場。最後在住山形的朋友幫忙之下，於二十八日在山形進行火葬。就是在那天晚上，發生了不可思議的事。

「該從何講起……火葬儀式結束之後，我到朋友家住，半夜醒來眼前站了兩個人。妻子戴著口罩蹲著，女兒靠在她身旁向我招手。只不過這個畫面，就像電視節目播畢的雪花畫面那樣，只依稀看得見輪廓而已。是妻子跟女兒來看我了，我邊哭邊伸出手，然後就醒了。這時很確定是作夢。我環顧四周，知道自己醒著，確認是住在朋友家之後，才再次閉上眼睛，但即使閉上眼睛還是可以看到那模糊的畫面。她們沒有講話，就只是一直向我招手。

可能是因為在意臉上的傷才戴上口罩。我邊哭邊喊著『過來啊，快過來啊』。但在那之後，她們好久都沒來我夢裡。隔年的一周年忌日，我突然再次夢到相同畫面。她們旁邊多了一個人，是一位我不認識的老爺爺或老奶奶，應該是在那個世界認識的人吧。醒來之後，我把夢到的內容記在筆記本上。」

龜井先生把這件奇妙的事情寫在筆記本，並且把夢中所見也畫在一旁，讓整件事變得更加寫實。二〇一一年三月二十八日的筆記本上寫了這段話。

就算從夢中醒來，只要再閉上眼睛又會看到她們。這絕對不是夢！是她們的靈魂。「過來啊，快過來啊……」。邊哭邊伸出手，但她們只是在遠方揮著手。好難過……真的好難過。真的沒辦法再抱緊她們嗎？

而隔年的三月十二日，筆記本是這樣寫的。

夢。女兒穿著紅色衣服，站在爸爸的左前方，隨著音樂晃動身體。「真是可愛！」我哭著醒來，再把眼睛閉上，畫面跳到了火葬之後。女兒揮著手，身旁的人看起來像是媽媽。是誰？可以看到人。我張開眼睛，坐起身來，確認一下是夢境或現實，然後又再閉上眼睛，畫面留在那。光線昏暗，如同收訊不良的電視。在南國之境，靈魂就像一般路上行走的陌生人。

「對我來說，最希望的就是死後能與妻女相聚。所以她們得是靈魂才行。只要黑暗的那一端有光，只要靈魂是存在的，那麼我們就一定能見到面。如果連這點希望都沒有，活著還有什麼意義？」

龜井先生所參加的「遺族會」中，有人在夢裡見到自己離世的孩子，而且每次夢見都長大一些。但龜井先生夢中的老婆和女兒，不管過了幾年，都跟離世時一模一樣。

「火葬儀式隔天，警察跟我聯絡，說在瓦礫中找到我們的行李。到現場一看，在二層樓高的瓦礫堆中，找到了我的吉他、錄影帶、照片、裝了ＳＤ卡的數位相機以及ＳＤ卡，還有結婚時的頭紗，結婚誓約書等。全都是非常珍貴的東西。如果ＳＤ卡掉入瓦礫堆裡，應該很難找得到吧。結果我隨意翻動泥堆，彷彿早已知道在那裡，眼前出現的是裝了結婚戒指的小盒。那麼小的東西竟然找得到，實在很難想像吧。一定是妻子和女兒的靈魂在指引著我。

當時，除了手機裡的照片之外，所有充滿回憶的東西都被沖走了。關於自己擁有過怎樣的人生，連一點痕跡都沒有留下，我感到相當沮喪。如此微小的東西漂流了近乎兩公里，最後居然失而復得。皮卡丘和猴子的布偶，藍色小球、畫畫板，全都在瓦礫堆中找到了。而且畫畫板是在清除完瓦礫之後，就那樣放在空無一物的地方。有人會說這是巧合，但女兒的東西全部都找到了。這讓我相信靈魂是存在的。」

從瓦礫堆中翻出的東西，可能只是其他人眼中的雜物。然而，只要認為這些是重要的人所遺留在世的物品，那就有存在的意義。對龜井先生來說，每一件物品都有著深刻的含意，而這些就成為他「活下去的力量」。

龜井繁先生的妻子和女兒

「當時，我想到自己不知道何時也會死，於是想趁著自己還在世，去證明老婆跟女兒曾經活過。所以我請了一個月的假，把找到的相片按順序整理好，一心一意完成了這本相簿。然後用瓦礫中找回的結婚手套、頭紗來裝飾佛壇。這些在她們離世後一個月的四月十一日完成。這一天並不是刻意挑選的日子。這一天恰巧也是我們訂婚、互相交換戒指的日子。就是在那天晚上，妻子來我夢裡。但實在太暗了，我不太確定她是不是真的在，只是隱約看到輪廓。然後她清楚地說：

『我想回來。』

這時候應該是在作夢。很可惜，我在夢中只聽到這一句。但那一年，我有好幾次在夢中聽到妻子的聲音。夢裡的情景大多是日常生活，偶爾也會稍微不同。那件事發生在八月二十六日，正值炎熱的夏末。平時我會在二樓，把牌位放在枕頭旁睡覺，但那天實在太熱，所以我躺在佛壇前睡著了。然後與前一次如出一轍，在黑暗中看到模糊的輪廓。

『我不在身邊會無聊嗎？』

這是她第一次在夢裡問我。

即使我明白為了長女也要活下去，卻還是討厭自己仍然活著。在我想要一了百了的時候，總是會發生這樣不可思議的事。震災隔年（二〇一二年）的十二月也是同樣情形。

有一本叫做《現在，很想見你》的書，也有拍成電影。故事內容是已故的妻子突然出現在家人面前。我跟妻子曾共同擁有一切，所以她在想什麼、在做什麼我全都知道。我知道她看過那本書。所以地震之後，我在二手書店看見這本書時，才想說買來看看。買回家之後我並沒有馬上看，而是先暫放佛壇。有一天，我心血來潮拿起來翻閱，突然讀到書中的一句話，『跟你在一起的這十四年非常開心』。我只記得結婚很久了，但到底是幾年呢，仔細一算，那年剛好是第十四年。巧合得讓人起雞皮疙瘩。」

當下龜井先生也抱有「內心鬱悶，不想活了」的想法，但他覺得那句話是妻子對自己說的，因此從負面情緒中逃脫出來。

「醫生常說，失去重要的人所帶來的壓力會讓人睡不著覺，而我卻因為睡著之後能見到妻子跟女兒，所以想像著自己已經死去，閉上眼睛入睡。在夢裡相見，感覺像是實現了原本無法實現的事情，除了喜悅，也讓我回憶起與家人在一起那種平靜、溫暖的感覺。我有時候會去學校看長女的課外活動，在搭車回家途中不小心睡著了，當下也會覺得老婆就坐在我旁邊。在夢裡，或許沒有交談也無法碰觸，但感覺彷彿回到了災難發生之前。如果只能在夢中相見，那麼睡著的時間越多，見面的時間也就越長，最後說不定能跟以前一樣。」

「沒有心愛的人的世界，簡直像是地獄。」龜井先生說。妻子和女兒出現在夢裡，似乎要安慰他，跟他說話……。

到了中午，我們準備吃午飯時，龜井先生說：「我準備了這裡很有名的鮭魚親子蓋飯。」也就是在飯上面放新鮮的鮭魚卵和鮭魚肉。我因為正在治療牙齒，原先有點擔心要吃什麼，結果，吃的時候完全忘記牙齒的事，通通吃得一乾二淨。

這些遭遇到的事情，龜井先生應該無法向其他人提起吧。像在等我吃完，他接著說。

「之後，她們兩個人的靈魂也彷彿給我指引，讓我在瓦礫堆中找到許多東西。我每年都會在三月十一日，也就是忌日當天到現場去。地震後隔年，瓦礫都已清理乾淨了，原以為不會再找到什麼，沒想到卻發現妻子咖啡色的行李箱。像行李箱這麼大的物品，應該會被清理瓦礫的人清除掉吧，但似乎在等著我去領取，就那樣擺在那裡。行李箱裡，有全家旅行時住的飯店所附贈的肥皂、浴帽等物品。那麼大的箱子就放在土堆旁邊。」

三年後的三月十一日，我也去了現場。原本沒打算要找什麼，但往土堆旁的溝渠一瞧，我們的五支手錶毫無掩蔽的躺在那裡。為什麼？過了三年都沒被偷走嗎？這有可能嗎？其中有一支是我跟妻子在二十年前左右一起買的潛水錶，換了新電池之後又會動了。」

龜井先生伸出手腕給我看。開始用手機之後就很少戴手錶了，所以把它們收到書桌抽屜，就因為這樣才會一起被找到。

龜井先生說：「有人會覺得是偶然，但我認為這些事跟我有關。」

「人很喜歡替所有事情找出原因。為什麼八、九十歲的人還活著，而只有一歲十個月的女兒卻死了？為了找出原因，留下來的人會覺得女兒變成了天使，跟著媽媽去了天堂。如果不這麼解釋，我根本沒辦法活下去。我也會想，為什麼只有我還活著。但不管我怎麼想……這些事對於能與妻兒一起迎向未來的人來說，可能還是無法理解。」

最近也發生了這樣的事。

「是在今年（二〇一六年）過年，正當我苦惱該如何面對未來的時候。那時長女剛好不在，這次與之前全然不同，出現的畫面十分鮮明。妻子在夢中這樣說。

『現在我沒辦法為你做任何事了。』

要從那個世界來幫我，應該很不簡單吧——聽見她這樣說，我在夢裡這樣想。或許，她認為死亡並不是最糟的，最糟的是她無法在我生死交關時幫上忙。妻子接著說。

『但我相信你。』

我點頭表示認同。之後，她說『不用急』還有『我會等你』。她的意思應該是，這裡還有長女要照顧，現在去那個世界還太早。在夢中，我問她『真的嗎』，然後就像是做了約定，我和妻子打了勾勾。

我明白妻子的意思，聽到她說『我相信你』真的很開心，尤其是『我會等你』這句話更成為我最大的希望。大家所說的希望，都是之於這個世界的。而我的希望，卻是死後能與最愛的妻女見面。雖然妻子已經先走了，但只要她說會等我，我就充滿希望。我想，正是因為心裡想著總有一天會見面，才讓我繼續活著。

如果沒有這些經歷，妻子、女兒和房子全都被奪走的我，說不定沒有勇氣活下去。有時我會迷惘，究竟為何要活著呢。留下的只有悲傷、寂寞與痛苦，非常難熬。當我有這種想法時，妻子和女兒就會給我力量。是啊，因為我們會在另一個世界見面的。」

最近，龜井先生的妻子會帶著微笑出現在他的夢裡，說自己「哪裡都不會去」。龜井先生則說妻子會留在自己身邊，感覺鬆了一口氣。

佛壇上貼著一張Ａ４大小的紙，上面用毛筆寫著：

「比誰都重要……相聚時比跟誰都開心的最愛的人。必歸的處所，令人舒適……是彼此最重要的人。不只是情人，也是無話不談的好友。

可愛的妻子，偉大的媽媽。如果妳還活著，那就算女兒離開了父母，或者我們離開了孩子……我們也能夠一起走到最後。真的非常，非常謝謝妳。」

這應該是龜井先生寫給亡妻的情書。

龜井先生與妻子大概是二十年前，在目前任職的照護中心相識。龜井太太此前在特別養護老人之家工作過四年，然後受聘到這一間照護中心擔任主任。

龜井先生在大學時期組過樂團，但因為「唱得不怎麼樣，也不會寫歌」，所以邊打工邊找自己想做的工作。也許他原本就樂於照顧人，他覺得這個意外接觸的照護工作非常適合自己，所以當附近開設照護中心，他就馬上去應徵了。

就是在那裡，他認識了妻子。

龜井先生說：「在照護領域我是個外行人，當妻子說她很尊敬我做事的態度時，我真的很高興。」過了二年，情投意合的兩人在長野奧林匹克開幕那年結婚了。懷長女的時候，妻子希望能在安穩的環境中養育小孩，所以從職場退休了。

妻子雖然小一歲，不過龜井先生說「老婆是我人生的夥伴」。我想，他們不但互相尊重也彼此了解，兩人之間的情感連結非常深厚。

「從開始交往直到她死於海嘯，我整整一天沒見到老婆的時候，大概就只有她參加專門學校同學會旅遊的那兩次。」在那時，兩個人也因為捨不得彼此，講了一整夜的電話。夫妻倆從未分開過。照護中心為了感謝龜井先生服務屆滿十年，要送他到夏威夷旅遊作為獎勵，但龜井先生因為不想與妻子、女兒分開所以拒絕了。他們也全家一起去迪士尼玩過。兩個人無論去何處，都緊握彼此的手。

所以我曾想過「他們的情感這般濃烈，或許正是因為知道會有如此結果」。長女出生後，龜井先生的教育方式比較嚴厲，但經過「初為人父」的反省，他就決定以愛的方式來養育二女兒。二女兒在離世前，已經能夠說幾句話了，「這個階段最是可愛有趣了」。而海嘯，無情地奪走了深愛的兩人。但彷彿四人的情感能跨越此岸、彼岸的鴻溝，有時出現，有時說說話，有時予以鼓勵。即使是「瞬間的交會」，逝者如果能給予遺留在世的生者力量，我想這樣的邂逅也是好事。

2 變成藍圓球的父母

熊谷正惠的經歷

我在一之關轉乘大船渡線，前往氣仙沼。在大船渡線上，過了一之關不久後就會往北繞道，因此，雖然到氣仙沼的直線距離大約只有四十公里，卻花了將近一個半小時才抵達。其實也可以從仙台或是一之關搭公車前往氣仙沼，速度較快而且也比較便宜，但我還是選擇電車。或許有點過時，但我很想搭看看KiHa 100系柴聯車。

氣仙沼的地形是典型的沉降海岸，在地圖上一目瞭然。城鎮背後綿延著數百公里的山巒，原以為山的另一側應該緊鄰太平洋，但其實從山腳到海岸卻是一片如薄膜般的平地。這顯然是填海造地而成，而人們居住的城鎮就建蓋於此。

氣仙沼有死亡失蹤人數有一千四百三十四人，僅次於受災最嚴重的宮城縣石卷市。

氣仙沼住著一位熊谷憲次先生，享年七十五歲。他曾帶領氣仙沼高中第一次打進甲子園，之後也培養了不少進入明治大學就讀的選手。他個性豪爽磊落，在氣仙沼無人不知這號人物。熊谷先生有四個兒女，而跟我見面的是長女熊谷正惠（56）。

我們把車停在港口邊，並肩走在離修復還有段路、目前只清理好瓦礫的街道上。雖然港口周遭的餐廳、壽司店以及酒吧等都已重新營業，但隨時都會崩塌的大樓卻還留在原地。「以前這裡有許多住家，但當時全被沖走了，留下許滿滿的瓦礫

殘骸，完全沒辦法通行，連那邊的陡坡也不通。」我一面聽正惠女士說明，一面往前走。她在氣仙沼一間照護中心擔任照護經理。

「那一天，我人在照護中心工作。但因為擔心父親的安危，打算回娘家看一看，但整個地區都變成瓦礫殘骸，根本無法靠近。於是我到居民避難的紫神社去打探消息，在那聽說父親好像來不及逃走。後來，好不容易繞路走到小學，走上只有小學生才知道、被稱為『百段台階』的高地。那裡可以看見父親住的房子。但無法再繼續往前走了，馬路被瓦礫給淹沒，寸步難行。無法繼續前進，我無可奈何，只能從高地望著娘家。我聽見從父親臥室傳來的風鈴聲，聽著被風吹動而響個不停的風鈴聲，心裡不知何故突然萌生『父親已經死了』的想法。」

我們踩著只有肩膀寬的台階往上走。

正惠女士還在讀小學時，經常在這裡玩耍。她說那部上映於二〇〇七年、改編自同名漫畫作品的電影《自虐之詩》就是在這條百段台階取景。在地震前看那部電影時，還讓她想起許多過去的事，她說：「從這裡就可以回娘家了。」

站在百段台階上，眼前住宅區的房子全都崩塌，簡直像是垃圾山，左側可以看到一家叫做「MANBO」、在氣仙沼相當知名的咖啡廳。那天十分炎熱，簡直有如夏日，即使靜止不動也全身是汗。

「我工作的照護中心位在海邊，所以整棟建築物都被海嘯沖走了。後來連避難的小學校舍也有海水灌入，全部的人都往山上疏散。我們將被照護者移至姊妹照護中心，途中可見海水淹沒了電車軌道，但並沒有看到大海嘯。也因此，在那之後我從高地上看到被淹沒的氣仙沼時，甚至不解為何會有水。當時根本沒想到會有兩層樓高的海嘯。所有行動電話都無法使用，所以我在逃難途中，跟居民借市內電話打給父親，可是接不通。抵達照護中心時，已經停電了。

隔天我走到國道一看，有好幾十輛東京消防廳的車子往氣仙沼方向疾駛而去。看來情況並不樂觀。

我們為了被照護者，必須從未受海嘯影響的照護中心搬運食物、毛毯與餐具等。但因為非常擔心家人和房子，所以在決定好集合時間、地點之後，我便前往氣仙沼。我家在高地所以未受殃及，但由於擔心父親，所以走上百段台階查看，出現在眼前的卻是一片瓦礫殘骸。

我也在十三日從被照護者的避難場所回家一趟，然後看見弟弟留給我的紙條。就是他告訴我父親已經死了。弟弟跟父親住在一起，那天他到叔母的工廠工作。工廠是三層樓建築，而海嘯只淹到二樓，所以三樓是安全的，而他正是待在三樓。弟弟也很擔心父親，所以就在我回家前一天，雖然水淹及腰，他還是涉水回家查看，發現父親死在家裡。冰箱在客廳裡，佛壇翻倒了，而衣櫥也倒在旁邊，應該是海水突然沖進家裡，像漩渦一樣把家具沖得東倒西歪。

父親應該想逃也逃不了。因為娘家在港口旁，位於幾近海平面的地方。那裡雖然離海岸不到五十公里，但智利大地震（一九六〇年）時，海嘯頂多到一至二樓的中間樓梯，我以為這次也一樣不會有問題。三月九日發生大地震時[2]，我打電話給

熊谷正惠女士的父親（右側）

父親，很擔心問他『有沒有發生海嘯？』，他回我『我很好，這裡不會有海嘯』。我還是叮嚀他『爸，海嘯來了的話要快一點逃』，但他卻不在乎地說：『如果海嘯到這裡的話，那麼整個氣仙沼就完蛋了。』

我妹妹有兩個讀國中的小孩，九日發生大地震時，父親還因為擔心，所以交代妹妹『快去學校看看小孩安不安全』，而妹妹告訴父親『等等如果海嘯來了就一起逃』，但他卻說：『別擔心，海嘯不會來的』完全不打算走。

我從弟弟那得知父親的死訊後，花了一些時間才跟公司的人取得連繫。後來，到達遺體安置處已經是下午六點了。因為晝短夜長的關係，那時的天色已然全黑。

那裡差不多有兩百具遺體。有辦法前往安置處的人應該不多，所以只看到工作人員。我向他們詢問父親遺體的擺放位置後，在黑暗中緩慢前行。我看見有許多乒乓球大小的藍色圓球，從好幾具遺體的腹部附近浮出。由於遺體已經放入棺材了，所以正確來說，圓球應該是浮在棺材上。每一具遺體有一顆藍色的球。在腹部周圍

2 東日本大地震前有發生一系列前震，包括三月九日芮氏規模七點二的地震。

向上，但好似被吸住般，上下漂浮著。我沒看到父親的藍色圓球，不過我那時心想，有這麼多藍色圓球的陪伴，父親應該不會寂寞。

藍色的圓球是什麼？我一點都不害怕。

地震之後，我母親過世時也發生了一件不可思議的事。

父親的脾氣很執拗，母親則是非常開朗的人。但她在三十二歲時就得到風濕性關節炎，五十五歲之後她臥病不起，住了三年的照護中心。後來因為無法呼吸進行氣切，往後十年就一直住在醫院裡。

發生地震時，母親也人在醫院，後來有告訴她父親過世的消息。過了幾天，母親腦中風，那時她有說幾句話，但右側麻痺，想說她快撐不下去的時候，有一顆比乒乓球要小的藍色圓球從母親腹部浮現。

我弟弟明明也有看到，可是他聽到我說『乒乓球變小了，媽媽應該不行了』，卻生氣地回我『妳到底在胡說什麼』。

母親在地震後的四月二十三日過世。我接到醫院的電話，二十二日深夜時趕到醫院，一直陪伴在她身邊。她所住的病房多半靠海，但這次的病房卻是靠山的。晚上把窗簾拉開，可以看見窗外盛開的櫻花。母親非常喜愛櫻花，經常叨念著想看櫻花，但由於沒辦法自己翻身，我想她一定很懊惱。於是我說：『媽，櫻花盛開了，很開心吧。』弟弟也附和說：『是啊，真是漂亮呢。』我們姊弟兩個人幫已離開的母親剪指甲，聊著跟母親相處的往事，陪在她身邊一起賞櫻。

之後過了約莫一年，我沒來由地，忽然想讓母親再看看那時的櫻花，所以前往醫院。但不知何故，我一顆櫻花樹都沒看見。我心想，那麼多櫻花樹該不會全都被砍掉了吧，於是到隔壁的殘障照護中心『日上園』詢問。

『櫻花樹是什麼時候被砍掉的啊？』

『這裡從來沒有種櫻花樹。』

『啊？我去年從隔壁醫院的窗外，看見櫻花盛開……』

『這個嘛——可是我從來沒見過。』

我把這件怪事告訴弟弟，他不可置信地說『騙人，一定是在騙妳。我們明明都有看到』。為何我們兩個人都看到了明明不存在的櫻花。到底是怎麼回事。也許，是母親想跟我們一起看櫻花盛開。」

或許因為憶及過往，正惠女士沉默不語。陽光曬得皮膚有點刺痛，我們躲到大樓的陰涼處，剛好旁邊有自動販賣機，於是買了飲料止渴。我接著問正惠女士：「妳常做夢嗎？」

「地震發生那年的七月前後，我經常作夢。」

「是彩色的夢？」

「大部分是彩色的，為什麼這樣問？」

「嗯，每一位有過奇特經歷的人做的夢都是彩色的，也不知為何。那妳有在夢中說話嗎？」

「嗯，父親有跟我說話。每次夢到父親的情境都差不多。總是在如公車站、碼頭或電車月台的地方等待搭乘。在他等待時，會跟我說『沒關係，我在這繼續等，妳就先走吧』。每次的地方都不一樣，但他都一定會說『妳先走』。有一次我問他『爸，你在等什麼』，他回我『我要搭下一班車。妳要去的地方跟我不一樣，所以妳先上車』。我們雖然在車站卻沒看見鐵軌。而且他說『妳先上車』還有『我要繼續等』

這兩句話也讓我匪夷所思。」

我說：「可能是想表達什麼吧。」

「難道他想說我們的目的地不同？」正惠女士喃喃自語：「不曉得這種狀況是否不尋常，但我自己一定會出現在夢裡。現在父親有時也會出現在我夢裡，但不會跟我說話。只有在地震發生那年，才會做一起等車的夢。對了，父親離開之後，我也曾經夢見自己划著船，遠遠地看著他等車。過沒多久爸爸就消失了。雖然是在公車站或電車站等，但不知為什麼會有觀光區的招待所。」

我能感受正惠女士很想把關於父親的事都告訴別人。此時，海風徐徐吹過。

「那時，還發生了我一輩子都不會忘記的奇妙事情。我因為有事要到東京一趟，所以在地震那年的七月三日，去氣仙沼的服飾店買衣服。店裡有四位客人，他們陸續離開。當我拿著衣服到櫃檯結帳，最後一位女客人開口問我『是否有親人過世』，我過於驚訝，轉頭看著她，她說：『爸爸跟媽媽都過世了吧，他們有話要跟妳說，可以現在告訴妳嗎？』

聽店員說，她是在氣仙沼幫別人占卜的算命師，好像曾受女性雜誌採訪。我完全反射性地回答『好』。那段時間，我感覺左手很沉重，也不像是肩膀痠痛或者肌肉疼痛，就是不對勁。大概也因為這個原因，所以我很爽快就答應了。

『妳父親說，妳的胃不好所以要特別注意。妳母親說，謝謝妳。』

聽到這些，我嚎啕大哭。

那位客人接著問『要跟妳說的話都說完了，可以讓他們兩位回去了嗎？』完全搞不清楚狀況的我點點頭。

然後她把手放在我肩膀上，口裡唸著像是經文的咒語，繞著我走一圈，然後拍拍我的左肩。突然，左肩出現一道如探照燈般的白色圓柱，跟球棒差不多粗，緩緩升到天空。發生在一瞬之間，店員們也都在現場。

『有看到吧？』

『有。』

『他們因為放心，所以離開了。』

沒過多久，原本手臂的不適感就消失了。

或許很難表達出當時的情緒，但與其說是驚訝，不如說是懷念。知道父母死後也能在一起的瞬間，我原本內心的不安化成了淚水。當媽媽說『謝謝』的時候，我十分確信自己在死後能見到他們，如此感觸貫通我全身。

每一次掃墓，我都會說好想見他們。很後悔沒能見到父親最後一面，也很懊惱現在還把他放在留置所，沒辦法帶他回家。為什麼逃不掉呢？如果地震發生在隔天，那麼他就會跟我一起去看牙醫，然後逃過一劫。我內心一直有這種想法，但看見那道白色圓柱時，我知道爸媽已經原諒我了。一想到死後能見到他們，我不禁放下心中的大石，活得比較輕鬆。」

我本來想找個陰涼地方，躲避這酷熱的天氣，但附近沒有咖啡廳，最後只好在通風的建築物露台，喝著罐裝咖啡繼續聽她說。

我從當地居民那裡，也聽到了關於正惠女士的父親，也就是熊谷教練的事情。那個人說「熊谷教練是一個說到做到的人」，接著再說了一些教練的事蹟。

「之前，有一個男人急急忙忙地走進壽司店，丟下一句話『幫我做這道跟那道的壽司。我現在很忙，等你做好之後我就過來吃』之後，就匆匆忙忙離開。我問說

『是誰這樣吃壽司啊』，老闆回我『是熊谷教練』。店裡的其他人一聽到是他，就以『啊……如果是他就可能會這樣』的表情紛紛表示認同。」

對正惠女士來說，父親究竟是怎樣的人呢？

「父親在靠海的城鎮開魚板屋，有時也會出海。啊，出海的時候是船主。他開了五十年的魚板屋，因為很想成為船主，所以把全部財產拿去買漁船。雖然漁船是捕鮪魚的，但每次出海都空手而歸，最後全賠進去。六次出海只有一次有盈餘。就算幾乎沒有漁獲量，船主還是得付人事與燃料費，就像是一場賭博。不過，父親還是很想當船主吧。他也擔任過兩屆的市議員，現在想想，他好像只做自己喜歡的事。花光所有財產，又跟別人借錢，最後是由叔母出面買下老家，把一樓當作停車場出租，父親則住在二樓負責管理。

氣仙沼相當盛行棒球，昭和十年出生的父親曾打過棒球。約莫是在戰後不久，他雖然沒能進入甲子園，但所屬的高中棒球隊在東北地區贏得亞軍。甚至有職業棒球隊來挖角，但祖父認為他身為長男，因此反對，最後只好放棄了。雖然不能如願打棒球，但祖父答應他，在繼承魚板屋家業的同時，也能在氣仙沼高中棒球隊擔任教練。不知道現在是否還是這樣，那時的棒球隊教練必須自掏腰包買飲料、餐點給隊員們吃，連出去外面比賽的費用也要負責，花費相當可觀。父親經常因為這件事跟祖父爭吵。他擔任棒球教練時，把氣仙沼高中棒球隊員推薦到明治大學，所以星野仙一先生（前職業棒球選手）以及島岡吉郎先生（前明治大學棒球隊教練）都曾來過家裡。家裡也常有棒球界的人來訪，我幾乎是在每天都有餐聚的環境中成長。那時也有高中棒球隊員寄住，每天從我家去學校上課。父親是一個『不照顧家庭、女人別給我插嘴、努力工作也盡情玩樂』的人。氣仙沼整個社會風氣好像就是這樣。

父親從不對女人發怒，卻常常跟其他人爭吵。這真的很傷腦筋。擔任教練時，他好幾次因為吵架被禁止參賽。我弟弟因為是男生，兩個人常有衝突，甚至動手打架。

那時我讀高中。因為跑得快，運動神經也不錯，所以我國中、高中都參加排球隊。我就讀的高中，全校學生只有五百多人，而排球隊員就有一百多人。我是以一年級的身分參加比賽。我們學校排球隊本來就很弱，完全不及父親帶領的棒球隊成績水準。父親說『看妳們比賽一點都不好玩』，所以從來沒看過我比賽。後來，我高中三年級那年參加縣綜合運動會時，父親突然出現在二樓的貴賓席，我那時候真的超緊張。他完全就是運動家的眼神，面不改色地盯著看。無論有多好的運動神經，他都能看出哪個人可以栽培，哪個人沒辦法。我從來沒那麼緊張過。最後我們輸了，但比賽結束後，爸爸突然搬來一整箱堆積如小山的鰹魚。因為我們是女校，所以我記得大家吵著『要怎麼處理，要怎麼辦』引起不小的騷動。奇怪的是，回家之後爸爸什麼話也沒說，就連『輸掉很生氣』的話也沒說。或許他不好意思，只說『妳回來啦』這句話而已。那時候他大概四十歲，非常帥氣。

現在的父母可能無法想像。他從來不參加教學參觀日，也從不鼓勵我要好好讀書。幾乎每天都有人來找他，也幾乎每天都有聚餐。他一出門的話，也會連喝好幾攤之後，再回來自己一個人喝。如果是走路就能到家的距離，卻不方便中途離席的話，他就會打電話給我，要我去接他。參加大學考試時也是，我住在父親朋友家兩個月，可是每個星期父親都會過來，又是唱歌又是喝酒，搞得我根本沒辦法讀書，真的很任性。我曾問母親，為什麼不乾脆離婚呢。但現在想想，父親其實是很有趣的人。一個善惡兼具的名人。現在大多數的人都很在意其他人對自己的看法，像父親這種特立獨行的人相當少。他會在乎嗎，要是能跟他說話，還真想問一下。」

3 哥哥的簡訊，「謝謝你」

熊谷常子的經歷

在受災地區絕大多數的奇妙經歷，就是過世的家人或戀人出現在夢裡。而且很真實，又是彩色的夢境。當中也有人的夢境像４Ｋ那般清晰，完全分不清是現實還是夢。有趣的是，電波和靈感體驗可能比較親和，所以不少故事都和行動電話有關。

譬如說，餘震把家裡弄得亂七八糟之時，有人在黑暗中不知所措，死於海嘯的丈夫的手機突然閃閃發光。或是有人很想聽聽死於海嘯的「哥哥」的聲音，所以撥了電話號碼，理應離世的「哥哥」竟然接起電話。接下來，我要前往岩手縣的陸前高田市，在那裡聽到的故事也與行動電話有關。

我租了車，行駛在國道四十五號線（東濱公路），往陸前高田市方向前進。距離氣仙沼大約三十分鐘車程。問題就在於過了貫通城市南北的氣仙川之後。對我這個人生地不熟的人而言，如果沒有導航根本無法行動，但因為地震使得這區的變化很大，導航根本派不上用場。幸好這裡不像東京那種大城市，只要停車詢問路人，他們會很親切地告訴你。

身處受災區，第一次讓我內心震撼的，就是看到地震後的陸前高田車站。車站建築本體完全坍塌，只剩下水泥月台殘骸，簡直像被轟炸過一樣，鐵軌扭曲變形，四處散落。

而車站建物被埋在下面，完全看不出原本的位置。等到填好地，舊的街道幾乎都會被埋在底下。到時景象應該會完全不同。

我想起很久以前，在義大利遇到的一位老建築師所說的話。那時，義大利鄉下的老舊圖書館需要改建，而蓋一棟新的圖書館遠比翻修便宜，但是那位建築師讓圖書館的外觀維持原狀，只有裡面稍微裝修。我詢問原因，他說「如果這裡的景色變了，那外出打拼的遊子們就不會想回來了」。風景也是故鄉的一部分。如果風景改變了又怎能說是故鄉，我一面思考著，一面來到熊谷常子（60）工作的葬儀社臨時辦事處。

打開門，狹窄空間內擺放了許多佛壇及葬禮用具。我呼喚屋內的人，走出一位女士，有點神似《大膽老媽》[3]裡的京塚昌子小姐。她就是常子女士，在這家葬儀社工作將近二十年。

常子女士有三位兄弟姊妹，過世的是哥哥小友利美先生（享年56歲）。兩人只相差一歲，以前他們的父母把他們當作雙胞胎養育。她親切招呼「請進，請進」，我不確定在她的工作場所談論這些事情是否恰當，但常子女士先開口說「沒關係啦，這些事沒必要隱瞞」。

「發生地震那年的一月，哥哥住進岩手醫科大學。他非常喜歡打網球，高中時甚至還參加過校際比賽及國民運動會。但地震發生的前三年，他在比賽途中，居然沒握緊球拍所以掉到地上，那是由於手麻痹而握不住。去醫院檢查也不知道原因，最後住進岩手醫科大學接受檢查。二月底時，確診是得了ＡＬＳ（肌萎縮性脊髓側索硬化症）。因為還是初期，暫不會影響日常生活。

3《大膽老媽》（肝っ玉かあさん）是一九六八至七二年在ＴＢＳ電視台播出的電視劇。

岩手醫科大學表示，目前只能夠進行復健治療。如果哥哥只能這樣治療，我們決定轉到高田醫院。他是在三月八日出院，那天當然是我去接他。回家路途中，在遠野之前的路都是我開車，但在遠野吃過飯之後，哥哥不知何時坐上了駕駛座，所以接下來都是他開的。哥哥似乎對這件事很得意，隔天他傳手機訊息給姊姊，說『是我開車回來的喔』。

他三月十一日開始住院，住了五十多天後暫時出院。出院當天，他要跟林業協會的一位朋友喝酒，所以非常期待。我跟他說『會去接你』，他卻回我『我自己走路回家就好，當作是復健』，這是他跟我說的最後一句話。他下午兩點半左右出院，地震應該是在他準備去附近的天神神社參拜時發生的。附近鄰居說地震停止後有看到他走進家門。他的遺體是在家裡發現的。發現時，還穿著醫院的衣服，看來連換衣服的時間都沒有。」

利美先生的房子，建築物的部分從地基分離，被沖到一百多公尺外。遺體是六月三十日在房子裡發現的。從地震到發現遺體，竟然過了四個多月。

「我們家是做木材搬運的。就是把山上砍伐下來的樹木用大型機具搬上貨車，再運送到木材加工廠。那間房子是父親在昭和五十六年蓋的，或許是為了買賣，特別挑選了高級木材。含房子本體的總面積有一百二十坪。由上了年紀、經驗豐富的師傅精心建造，是一間費心完成的房屋。」

地震之後，有找到夏季禮服以及記帳簿等物品，但利美先生的照片連一張都沒找到。所以葬禮時的遺照，是跟他網球雙打的夥伴借來的。我看到那張照片，感覺他一點都不像是從事木材搬運的人，而比較像網球教練。

「哥哥在國中畢業後，因為很想打網球而進入一關商高就讀。才一年級就成為正式選手，每年都會參加校際比賽，但不知為何，之後卻到札幌的短大學習汽車維修。他畢業之後，到仙台日產系的汽車維修公司工作。父親五十九歲時，患上東日本十分罕見的成人T細胞白血病因而過世。哥哥為繼承家業選擇回家，那時他才二十四歲，之後雖然結婚了，最後卻以離婚收場。母親去世後，那麼大的房子只剩下哥哥自己住。

他嘴裡常說『海嘯不會到這裡啦，就算來了，這棟房子也不會有問題』，所以他那時才沒有逃走吧。其實房子並沒有被海嘯摧毀，而是完好如初的被沖到我公司附近，整棟矗立在那裡。」

「被沖到瓦礫堆之間嗎？」我問。

「不是，不是，是個什麼都沒有的地方，就只有那棟房子而已。我外甥曾找過那一帶，不過沒想到那間就是哥哥的房子，原本以為會更大。最後是拆除工程的人發現他的屍體。」

她在地震之前從沒做過跟哥哥有關的夢，但地震發生後，她每天都在夢裡看見哥哥，一直到遺體被找到為止。常子女士說，印象最深的是那場有虹吸式咖啡壺的夢。

「哥哥會用虹吸式咖啡壺煮咖啡。夢中他說『想喝用虹吸式咖啡壺煮的咖啡。是用虹吸式咖啡壺煮的喔』，然後我回他『有咖啡壺』，但他說『可是沒有濾紙』。『啊～沒有濾紙？』

地震已經過了好一陣子了，但真的沒有，所以我在夢裡回他『是喔，沒有濾紙？』。然後他又說，

『也沒有酒精燈芯。』

『啊？不可能……』

『明明有準備的。』

因為有網路，可從仙台訂購濾紙跟酒精燈芯，我說『哥，這是虹吸壺煮的咖啡』。然後夢就結束了。很真實，感覺像是日常生活。夢中的我甚至會去想『哥哥不是已經死了嗎』。

我醒來之後，發現家裡真的沒有濾紙跟酒精燈芯。他會不會其實就在我身邊，所以很清楚我家裡的狀況，然後透過夢來告訴我。

從發生地震到發現哥哥屍體的這三個月，我真的很常做夢。或許是在心中祈求能快點找到他，所以找到之後就沒再做夢了。覺得有點寂寞。」

發現利美先生的遺體是在下午五點過後，所以隔一天，也就是七月一日才開出死亡證明。

常子女士與堂妹一起到區公所去辦死亡證明。不可思議的事情就發生在這個時候。

「早上八點半，在區公所填寫死亡證明申請書時，手機傳來收到訊息的鈴聲。堂妹跟我說『有電話喔』，我回她『是訊息，沒有關係』，把申請書填完之後遞交出去。接著我在櫃檯那裡查看手機訊息，是死去哥哥寄給我的。

謝謝。

就只寫了這句話。

『是哥哥傳給我的。』

『啊，可是……』

我跟堂妹頓時啞口無言，兩個人就只是站在原地。」

「妳沒有回信嗎？」我問。常子女士笑了。

「當時根本沒想到要回信，因為真的被嚇到了。」

「為什麼道謝呢？」

「對啊。我哥哥並不是會說『謝謝』的人。自從母親過世，他因為都自己住，從公司的事情到他的內衣褲都是我在幫忙張羅的，照理應該要跟我說聲『謝謝』，但他一次也沒說。哥哥覺得我身為妹妹當然有義務幫忙，而我也認為這沒什麼，所以根本沒期待他會跟我道謝。」

「簡訊是何時寄出的？」

「三月一日。那天他還住在岩手醫科大學，我跟他討論出院時要送什麼給同房病人當作謝禮。實在想不出來那天我做了什麼會讓哥哥跟我道謝的事。這一句『謝謝』究竟是什麼意思？」

「是不是謝謝妳幫他拿替換衣物？」

「那時沒有安排療程，所以醫院同意哥哥自由外出。我想說如果帶替換的便服去醫院，那他可能會偷跑出去。因為這樣擔心，我打算在三月八日出院當天才帶去。因為我覺得哥

熊谷常子女士的哥哥利美先生

哥不至於會穿著睡衣外出。」

她也查過簡訊記錄，但仍然沒有結果。

「我以為修好哥哥的手機，說不定就能知道什麼，於是拜託在電信公司工作的姪子去查，也請手機廠商去查，但還是無功而返。因為手機已經壞了，所以根本不可能在七月一日發信，可是為什麼三月一日的簡訊到了七月一日才收到呢？我在他出院前一天也有寄簡訊，說會去接他。還有我女兒也寫了好幾封簡訊給舅舅，他都有回覆啊，這一封怎麼可能晚了四個月才收到。

火葬是在七月四日舉行，我本來想趁那時，把哥哥這封最後的簡訊拿給他的朋友看，但打開手機之後，二月底到三月十一日的簡訊全都消失了。而且只有哥哥寄的簡訊消失。像是『謝禮要送什麼？』這種我們來往的簡訊應該還會留著才對，但全都消失了。

哥哥只有我跟東京的姊姊兩個兄弟姊妹，姊姊因為沒收到那一封奇妙的簡訊，所以我有轉寄給她，可是連姊姊手機裡的簡訊也消失了。

而且，為什麼只有我收到呢，我們小時候就像雙胞胎一起玩、一起做壞事，然後一起被罵。哥哥單身，而七年前我丈夫也因為糖尿病過世。所以在哥哥的病情比較穩定之後，我就辭去工作，回娘家去照顧他。或許正因為如此，哥哥才用這種方式跟我道別。」

利美先生的手機合約是在二〇一一年九月到期，但是常子女士每年到了五月，也就是利美先生生日的時候，都會寄「生日快樂」的簡訊給他。如果手機已經解約，理應會收到無法寄送的訊息，但她一直到二〇一三年為止都沒有收到。

「被診斷出是ALS後，大部分的人都會聯想到癌症，認為最終必會死亡而感到不安。利美先生會這樣想嗎？」我問。常子女士的表情柔和，說：「這個嘛……」

「其實我母親是因為大腸癌過世的。大家自從知道她得了癌症，都非常擔心，但母親卻說『得都得了，再緊張也沒用』。哥哥跟母親很像。告訴哥哥他罹患ALS後，護理師十分注意他的反應。確診後隔一天，我詢問護理師哥哥的情形，她們說哥哥睡得很好。原本姊姊跟姊夫也都很擔心，抱持著『打算在盛岡住一個星期』的想法回來，但哥哥卻神采奕奕，說『得都得了，再緊張也沒用』。這太出乎我們意料，連醫生都說哥哥很特別。三月十日時，他說『明天我要跟醫院請假外宿，然後下個星期中就能出院了』或是『趁著身體還能動，多多工作』等。感覺他似乎抱著生死有命，富貴在天的心態。他怎麼能看得這麼開呢？」

我們也聊到其他的事。發生地震那一年夏天，有「潮來」[4]巫女前來陸前高田擔任志工。沖繩的「ＹＵＴＡ」靈媒跟恐山的「潮來」巫女類似，都是指能夠進行「召喚死者」及「請神」儀式的靈媒師。沖繩有「買靈媒」的說法，在東北地區，巫女不但與日常生活關係密切，甚至能說是生活的一部分。如果有人過世，在舉行佛教喪禮之前會請巫女呼喚亡者的靈魂，透過這個儀式來與死者溝通。巫女是東北地方的「陰文化」。

常子女士向巫女請教哥哥的事，藉由請神儀式跟他聯絡。

「我已經死掉了對吧？這樣最好，真的。我不想讓其他人看見我躺在床上動也不能動的樣子，所以能這樣離開再好不過了。」不相信靈媒的人可能會覺得她們在胡說八道，但對於相信的人來說，這可是無比珍貴的溝通。對遺留在世的人而言，能與往生者取得連繫是多麼有效的悲傷輔導（這能輔導那些失去親人而沉浸於悲傷的人）。人本來就必須在合理性與非合理性當中取得平衡，如果一定要以合理的方式解釋，那麼遇到奇妙經歷的人，很可能只是幻覺或妄想而已。我很欣賞保留巫女文化的這些地區。

4 潮來（イタコ）是日本東北地區恐山的巫女，通常是失明或弱視的女性，能呼喚死者，讓死者附身。平時也會給予居民各方面的建議。

4「微笑吧，媽媽」——挪動玩具的三歲兒子

遠藤由理的經歷

東日本大地震時，宮城縣約有一萬兩千名罹難者與失蹤者，其中石卷市的人數最多，共有三千九百七十七名。我再次開上國道四十五號，從陸前高田市向南行至石卷市。

江戶時代之前，石卷只是個純樸的村落。直到伊達藩[5]開挖北上川之後才開始繁榮。從地圖就可以知道，北上川位於石卷市北部，呈L型彎曲，最後傾注入追波灣。由於有一條筆直向南的河道連接，在河口的石卷市得以發展成商業城鎮。這些背景資料是仙台鄉土研究會會長，吉岡一男先生告訴我的。

「因為蓋了港口，盛岡藩以及南部藩[6]會將白米運送到這裡，而石卷就成為相當大的轉運基地，當時與山形的酒田並列，為兩大發展地。酒田位於最上川，而我們這裡是北上川。石卷這個小鎮已經發展成一個純粹的商業區。」

但現在已看不到轉運基地的痕跡，不管是搭乘鐵路、ＢＲＴ（巴士快速交通系統）或巴士，從氣仙沼到石卷都至少要四個小時。我也考慮過搭巴士或電車，不過我一想到要在石卷市內移動，最後還是決定租車前往。

我好似掉入岡部先生所設下的陷阱，開始了這次旅程。然而現實比想像更為艱辛，要找到一個人願意聊關於往生的家人、戀人的奇妙經歷相當不容易。不知該從何開始。我也想過前往臨時住宅拜訪，但突然被一個陌生人問這種問題，應該都會覺得這人有毛病吧。那時，我發現災區有不少曹洞宗[7]的寺廟。於是聯絡上認識的永平寺住持與相關人員，請他們介紹我曹洞宗的寺廟。如果對象是醫生，可能會比較難啟齒，但住持的話應該比較好商量吧？我原先認為這是個好主意，但從結論來看，我詢問的二十座寺廟當中，只有石卷市法山寺的住持有和我聯繫。經他介紹，我認識了在海嘯時失去三歲兒子的遠藤由理女士（42）。

5 現今的宮城縣及岩手縣部份地域，古稱仙台藩，藩主是日本武士名家伊達氏。
6 兩者皆為日本江戶時代位在陸奧國的藩屬領地（今為岩手縣中北部及青森縣東部）。
7 禪宗五個主要流派之一。

我向由理女士說明之後，她看似吃驚，然後笑說「住持是這樣說的嗎？」然後笑了，她接著說：「法山寺的和尚比較特別。那位和尚幫了我很多忙，我今年也要去找到（遺體）的地方祭拜，然後再去法山寺上香。」

由理女士和家人一起住在政府提供的臨時住宅[8]。我一走進那六張塌塌米大的客廳後，她連忙招呼「來，隨便找地方坐」，語氣像是個鄰家大嬸。

靠牆的地方，設置了一座用紙箱簡單搭成的佛壇，擺放在中間的照片上，是三歲九個月大的康生，他開心地比著V形手勢。由理女士說：「他眼睛很大對吧，我不是因為自己的小孩才這麼說。他笑起來有酒窩，真的很可愛。」確實可愛得無法形容。

地震後出生的次男正在玩小汽車，我把帶來的妖怪手錶送給他，他很自然地把手錶放到康生的佛壇上，並把雙手合十。他似乎很想馬上打開盒子，卻拚命忍著。接著，由理女士問他：「哥哥說可以拆了嗎？」。他回答「可以拆了」接著才打開盒子。沒有人教，但次男早上起來都會先到佛壇前面，跟哥哥道聲「早安」。

我注意到，佛壇上雖然也有線香跟香爐，卻只有一點點燃燒過的痕跡。

「這個房間雖然有設佛壇、擺牌位，但要我燒香膜拜有點怪怪的。遺照每過一陣子就會蒙上灰塵，即便擺了照片，我還是刻意不去看。祭拜祖先我覺得還好，但祭拜自己的孩子就難以接受。因為我感覺他還在我身邊。有人說『太過悲傷會讓死者無法離開』，我倒是無所謂，只希望他留在我身邊。」由理女士像是對著康生的照片說。

這件事發生在地震那年的五月。那時她很想見小康，就算是做夢也好。為何不來夢裡呢——當她這麼想的時候。

「然後就做夢了。沒住過這裡的小康，他坐在佛壇前的圓形坐墊上，露出牙齒對著我『嘻嘻』地

遠藤由理女士（左）和康生小朋友（因為照片是在泥土中發現的，所以髒掉了）

8 日本地方政府根據《災害救濟法》，在災難期間租用私人出租房屋，供受災戶無償使用。

笑。他以前就常跟我說『媽媽，笑一個嘛』。只要我把臉稍微轉向旁邊，他就會問『媽媽怎麼生氣了』。我回答『我沒有生氣啦』，他就會扮出章魚鬼臉逗我笑。夢裡的小康，就是這種表情。非常鮮明卻沒有聲音。

『小康，現在……媽媽笑不出來，真的沒有辦法。』

在夢中，我強忍住眼淚跟小康說。」

那天剛好是母親節，由理女士很高興地說「這是小康送的母親節禮物」，但說完沒多久就開始難過了，對康生的思念更加濃烈。

地震大概兩年之後，由理女士開始覺得死於海嘯的康生應該還在身邊。她記得那孩子說過的每一句話，難過的心情無法言喻。因為害怕痛苦，不敢去看自己在幼稚園拍下的影片。小康現在怎麼樣了，真的好想見他……由理女士到達思念的頂點。

「是在二〇一三年的哪時候呢，記得是剛要回暖的時候。那天我、丈夫、讀國中的女兒，還有地震隔年出生的次男一起吃飯。跟小康分開吃飯讓我有點不捨，所以我對著佛壇說，

『小康，來這邊一起吃吧！』

就在我說『開動了』的瞬間，那一台小康非常喜歡，方向盤是麵包超人的玩具汽車突然閃燈，然後發出聲音，發動了。」

那台塑膠汽車就放在窗台上。由理女士按下開關，汽車隨即發出了「嘎嘎嘎嘎，準備出發！」的機器聲。理所當然，玩具車不可能自己發動。

「『這台玩具車自己發動了？』

不按下開關應該無法發動，卻無緣無故地動了。那時，大家異口同聲地叫道：

『啊，是小康。』

『小康在那裡玩。』

我一想到他就在身旁，就高興得無法自拔。過了幾天，我丈夫帶著次男一起去洗澡。

『小康，再移動一次車子給媽媽看。』

我在內心祈求。接著車子真的又動了。

『謝謝你，小康。』

原來離我們這麼近，就在旁邊看著我們。這讓我想起他以前扮鬼臉要我『笑一個嘛』的情景。沒錯，我要開心地笑，要加油。」

由理女士喝了一口早已冷掉的茶水。我聽見鍋碗碰撞的聲音，或許是長女正在廚房準備煮飯吧。

「其他家人也這樣認為嗎？」我問，因為通常最先否定這種奇妙經驗的都是家人。

「嗯……玩具在女兒跟丈夫面前也有動過。如果家人跟我說『妳到底還要傷心到何時』的話，我應該沒辦法活下去吧。孩子死掉就夠難過了，如果還被輕蔑忽視，我根本熬不過去。」

那年的盂蘭盆節[9]也發生了不可思議的事。

「地震之後，我連飯都懶得煮。雖然參加了同樣失去孩子的父母聚會，但我發現自己不再悲傷，失去了原本的情感，所以向醫院求診。醫生診斷出我得了憂鬱症。我的神經緊繃到極點……參加兒子喪禮時就是如此。我沒有掉下一滴眼淚。原以為憂鬱症狀稍微緩解了，但之後變成嚴重的恐慌症，直到現在都與丈夫、孩子們分房睡。因為長期服用安眠藥，所以早上根本起不來。

小康是一個不抓著我的拇指就無法入睡的孩子，晚上一定要跟我一起睡才行。但次男從沒跟我一起睡過。有一次，我醒來看見次男睡在我身邊，心想『你怎麼會睡在這裡』，然後去問丈夫。丈夫說，次男自從盂蘭盆節之後，夜裡好像都會跟誰玩。第一天，好像是有人牽著他的手來我房間，但因為房門關著，所以他直接坐在門口。

隔天因為很熱，我開著房門睡。那晚次男也有爬起來，說著『一起玩，一起玩』，像是跟小康手牽手到我房間，然後直接睡在我身旁。

對了，前一年（二〇一二年）的盂蘭盆節也發生了奇怪的事。次男本來跟丈夫睡，後來在深夜爬起來，這時客廳的玩具突然發生聲音，似乎是小康叫次男陪他一起玩。

女兒也說過一樣的事。

9 盂蘭盆節是日本重要傳統節日，意義上類似台灣的清明節，許多人會在此時返鄉掃墓祭祖。

『他（次男）會在半夜突然爬起來，一直說要去盪鞦韆，似乎是要跟誰去玩。』

次男在二〇一三年也只有兩歲，何況還沒讀幼稚園，根本不可能知道『盪鞦韆』這個東西，也從來沒有盪過鞦韆。所以我覺得這也跟小康有關，但很可惜，這些令人期待的驚喜只發生在盂蘭盆節期間。盂蘭盆節一結束，這些事也跟著結束了。我對於只在盂蘭盆節出現這一點，覺得不太開心。因為我一點都不介意，希望小康在不是盂蘭盆節的時候也出現……」

她難過地想起孩子，眼淚潸然而下。小康似乎默默看著，然後像是在一旁告訴媽媽——不要難過。此時此刻，生者與死者的分界線消失了。

我看著照片，對由理女士說「他笑起來真的很可愛」，她接著說：「小康是一個很特別的孩子。」

「生他的時候，已經打了催生針還是沒有陣痛，但羊水卻破了。我聽到醫生跟護士說，情況不太樂觀，要趕快剖腹。好像是臍帶脫垂，就是臍帶會比胎兒先產出，如果不處置可能會大量失血，導致胎兒缺氧，危及性命。醫院也是第一次遇到這種狀況，小兒科和外科醫生一抵達，馬上緊急進行剖腹生產。熬過這種難關才生下來，所以希望他能一路平安健康地生活，才取了『康生』這個名字。」

「他看起來很健康。」我說。

「可是出生之後，我們發現他有嚴重的氣喘，側躺好像很不舒服，所以我一直抱著他。我女兒很少生病，但康生的身體卻很差。他三歲之後的狀況才比較好。他很喜歡抓著我的拇指，睡覺時一定會抓著。一直很期待看著他成長。沒想到，只在一起三年九個月，他就走了。」

遠藤由理女士出生在鄰近的女川町，高中畢業後一個人在石卷生活，後來到東北電力公司女川核電廠擔任行政人員直到二十九歲。二〇〇〇年長女滿兩歲時，她辭去工作搬到石卷。有一天，她回去平時不太聯絡的娘家。父親當時告訴她「這裡永遠都是由理的家，不管發生什麼事都歡迎妳回來」，這句話讓她淚流滿面。她心想：「我並不是一個人。有個人會對我說這些話。那我又能為養育自己的父母做些什麼呢？」她所想到的，只有過去就甚感興趣的照護工作，於是努力取得資格，最後進入一間設有訪問照護與日照服務的機構。工作相當順利，但為了孩子，她希望工作地點能離家近一些，那時剛好附近新開了集體照護中心，於是便換到那裡。二〇〇七年，長男康生出生了。

「不過，康生的爸爸喝酒之後就會發酒瘋。當我正在考慮該不該離婚時，聽見小康說『我好怕』，所以毅然決定離開對方。」

接著是三月十一日那場變故。

「那天，我工作是到下午三點。才剛想著快可以下班回家，大地震就發生了。我急忙趕去小康的幼稚園，看見大家都在準備逃跑。我大聲喊著『小康』，就看到他跑了出來，連外套都沒穿。我開車載他回我工作的照護中心，結果連那裡都開始避難了。我告訴小康：『小康，媽媽帶爺爺、奶奶們出去，你在這裡等我。』我讓他在車上，然後去協助老人家避難。過沒多久我回來，看見我再婚的現任丈夫抱著小康。

『你怎麼來了？』

『因為很擔心，就過來看看。』

那天他休假，似乎很擔心我們才趕過來。現任丈夫跟小康的感情很好，我們決定到他老家避難。我說：『對不起喔，小康，等等就會去接你。』之後就跟他們分開了。

之後，我帶老人家們到渡波小學避難。那是女兒就讀的學校，所以我很熟，而女兒也跟老人家一起待在學校禮堂。那時，孩子們大聲叫著『海嘯來了』，於是大家便往高處逃。」

在靜岡縣的小學補充教材〈寬懷〉中，收錄了由理女士小學五年級的長女的作品，這篇文章描述了當時的情景。

下雪了。我們都跑到渡波小學的體育館避難。過了一下子，媽媽來了。可是我沒有看到弟弟，就問媽媽。

「小康呢？」

媽媽說：「我有找人幫忙照顧他，別擔心。」

我比較放心了。

但過沒幾分鐘，大家突然開始緊張。

「海嘯要來了。」

有人在呼喊。沒錯，海嘯要過來了。我急忙跟著媽媽逃到體育館樓上的長廊。

我往外面看，海水已經來到眼前。我們擠在狹小的長廊，心裡非常不安。

「我覺得海嘯可怕，同時也很擔心小康，但因為丈夫的老家在避難所附近，想說應該不要緊。我隔天見到丈夫，心想『太好了，沒事』，開口問『小康呢』，他臉色突然變得很難看。那一瞬間，我就知道出事了。

『哇——不可能，我不相信！』

我哭喊著。

那時他帶小康回老家，結果小康的生父在那裡等著，後來他們在玄關爭執不下。前夫說『康生是我的小孩，交給我』，那時告訴他『海嘯快來了，快點一起到二樓避難』，他也根本不聽。而且因為他是生父，我丈夫沒辦法強行留下小康，最後只能交給他。

如果那時他們能逃到高處就好了。應該是想跟我碰面，所以前夫帶著小康打算來渡波小學找我和女兒，但半路上就被沖走了。如果他不堅持離開，那就會沒事的……

最後只有前夫獲救。我問一起獲救的人，他們說前夫獲救時手抓著建築物頂部的管子，但那時小康似乎已經不見了。我猜他可能鬆開了抱小孩的那隻手。

『把康生還給我！』

我瘋狂哭喊著。」

由理女士從那天開始，不斷向人詢問是否見過康生最後一面，並且四處奔波尋找。

「我自己的精神狀況也不太好，但還是到處找失蹤的小康。沒辦法找的話，我就把小康的特徵寫在紙條上，請人幫忙到處發送。因為沒有車，我回娘家時也是邊走邊找。母親要我去遺體臨時放置所看看，可是我不願承認小康已經死了的事實，所以很生氣地反駁『不可能會在那裡』。

地震發生一個月，每次當我走到某個地方，左邊的肩膀就會特別沉重。很可能只是肩膀僵硬，剛開始我還以為只是走太多路，身體疲勞。但一回女川的娘家，肩膀的不適就會消失。隔天也到處打探的時候，肩膀又開始僵硬了。我當時覺得這是小康給我的信號。然後，我請現任丈夫幫忙一起找。

『每次走到這裡，我肩膀就開始變得沉重。』

『康生，是你在叫媽媽嗎？』

我環顧四周，發現有自衛隊在附近的國中紮營。我把康生的特徵告訴自衛隊的人，然後留下了我的姓名與電話號碼，請他們幫忙尋找。他們說自己只負責整修道路，『那也沒關係』，我還是堅持把資料留給他們。隔天，我接到『進行搜索後，發現特徵相符的孩子』的消息。發現小康的地點，就在他生父抓住的管線正下方。

那天雖然晴朗卻有雷聲，天氣十分詭異。

我搖搖晃晃地抵達現場，自衛隊在場的所有人都在哭泣，大家都擤著鼻涕。眼前，小康被裹在一只袋子裡，幫忙拉開拉鍊的人顫抖著啜泣。丈夫確認過小康臉頰的特徵之後，向我點了點頭。

我立刻上前，緊緊抱著他。然後把身上唯一的巧克力放進他嘴裡，那滿是泥巴的嘴巴……整張臉都是黑的。原來我每次走到這附近，小康都呼喚著『媽媽』。三歲的他根本不知道要去哪裡吧，所以才會在這裡迷路。找不到路應該要來找我呀——我邊哭著邊喃喃說著。」

我不知道該怎麼回應由理女士，便胡亂問了「地震之後，什麼事情最讓妳覺得痛苦呢」這個笨問題。

但她回答得很認真。

「因為見不到孩子的寂寞，所以一直流眼淚，但最痛苦的不是這件事。後來我想找一輛最好的靈柩車，結果因為沒有小孩子的尺寸，居然隨便給了我一輛破車。而且那孩子最後吃進嘴裡的是混著泥沙的海水，真的好可憐。歷經千辛萬苦生下來的小孩，竟然遇到了這種事。如果是我這種大人還可以忍受，但那麼小的孩子浸泡在冰冷海水裡，我真的無法想像。我就覺得，應該也要體驗一下他的痛苦，所以拿臉盆裝了冷水，把自己的臉浸下去。可是，我只要把臉抬起來就能活了，那孩子卻沒這個機會。想到這裡，又忍不住哭了。」

即使知道人都會死，孩子不過是先走一步，但對父母親而言依然難以接受。我對由理女士輕聲說：「即使事隔多年，這份悲傷也難以撫平。」

「是的，痛苦即使事隔多年也絕不會消失，根本不可能消失。不過，多虧看到玩具在動，也多虧知道他在跟次男玩，更因為他來到我夢裡，讓我知道他並沒有離開我。雖然痛苦永遠不會消失，而且我也無法發自內心地笑。我覺得如果看見我在笑，小康會比較安心，所以心想『媽媽會笑喔，要看著我』而改變了主意。

小康在旁邊守護著，我發現自己不能就這麼死。我明白了活下去的目的，那就是養育倖存下來的孩子。

就在不久前，我還認為整天躺著或許就能早點到那個世界跟小康見面。雖然這樣的母親非常糟糕，但我跟女兒說：『媽媽死掉的話妳可能會哭，但媽媽終於能見

被海水浸濕的照片（遠藤由理女士以及康生）

到小康，所以很開心。妳千萬不要覺得媽媽可憐。』

幸虧我覺得小康就在身邊，才讓我有『你正看著媽媽對吧，那我就再加把勁』的想法。」

由理女士每逢小康的忌日一定會去參拜。然而，她是因為雙親告訴她「掃墓非常重要」所以才去的，她自己並不認為康生在墳墓裡。

「小康不在墓裡而是在我身邊。對現在的我來說，什麼才是真實的？那就是小康在身邊對我說『媽媽，笑嘛』，還有拚命工作。比起誦經或參拜，小康應該更希望看到我工作的樣子。」由理女士又開始了她照護的工作，並且在二〇一四年取得淋巴按摩師的資格。這樣一來，她不但能幫助自己舒緩身體，也能在工作上幫老人家按摩。

與摯愛別離，最痛苦的莫過於死亡，尤其是驟然離世。特別在海嘯時，完全沒有時間做好死亡的準備，留下的只有劇烈的悲傷。那份悲傷即使事隔多年也永遠不會消失。想再見一面，再看看那抹笑容，想永遠待在一起，受到這份執念的牽引，離世的那人就會出現。那可能是離世前的姿態，或變成聲音，抑或在夢中出現。雖然方式不同，但在那個時刻，摯愛將會復活在生者的心中，讓遺留在世的人發現自己與死者同在。

由理女士過了幾天打電話給我，她笑著說，可能是小康半夜在玩吧，她看到黃色小球自己動了。

5 喜歡神社的兒子的腳步聲

永沼惠子的經歷

永沼惠子女士（45）是由理女士的朋友。兩人在由理女士考取淋巴按摩師時相識，由於同有躁鬱症，他們因此很快就成為好友。某一天，惠子到由理女士家玩。由理女士打電話的時候，坐在沙發的惠子突然笑出聲。

「怎麼了？」

由理女士驚訝地問。

「剛剛你的小孩好像在捉弄我，突然拉我的罩衫。」

「咦！妳不會怕嗎？」

「為什麼要怕？這又不可怕，我家也常常發生。」

惠子女士感覺有人拉自己的罩衫，才覺得應該是由理女士的小孩。而由理女士也說一定是小康拉的。

「其實不是愛捉弄別人。只是小康特別喜歡漂亮姐姐。有漂亮女生來家裡，他的表現就會特別好，應該是這樣才會跟小惠玩。本來不想告訴她的，不過那時候看到她笑了，又說自己家裡也有同樣狀況，我才跟她聊了起來。」

惠子與丈夫生了琴和蘭兩個兒子。發生地震時，琴八歲，就讀石卷市立大川小學二年級。那一天，大川小學各班導師帶領全校一百零八位學生到操場集合。之後，有好幾位監護人開車來接自己的小孩，而其他孩子開始避難。那已經是海嘯抵達前一分鐘了。結果七成的學生（七十四名）失蹤死亡，相當慘重。琴也在那時被海嘯沖走，至今仍下落不明。

三月十一日，惠子女士當天剛好不用上班，由於比琴小兩歲的蘭感冒，所以外出買感冒藥。她開車來回經過大川小學兩次，中途有想到，或許能順路接琴回家。她看了手錶，時間是下午一點半。不過因為學校的校車是兩點四十六分，所以她想說算了，最後直接開車回家。

「我想說他應該會搭校車回來。如果直接搭校車回來就沒事了，可是老師卻決定『在學校等家人接送』。我那一天居然經過學校兩次，我猜是祖先想指引我接他回家。不過，我沒那種慧根……如果我感覺夠敏銳，說不定就能知道地震將要發生……」

那時沒有等待兒子下課，惠子女士至今仍深深遺憾。

惠子女士給人的印象相當開朗，從外表實在很難看出她失去兒子。但與她聊過幾分鐘後，該怎麼說呢，她偶爾會彷彿被一層看不見的黑影籠罩。這種時候我就不知道該跟她說些什麼了。

我們前往北上川河口的長面浦，惠子女士一家在地震前就已居住於此。海岸線有好幾間漁民的房子並排，惠子女士的家就是其中一棟，面積約有三百五十坪。房屋前面就可看見大海，還有永沼家專用的小型碼頭。地震前，有四艘船停靠在這裡。她的丈夫雖是上班族，但偶爾也會陪老人家一起捕魚。住在附近的漁夫除了捕魚外，通常也會務農或到公司上班。

岸邊設了許多養殖牡蠣的網架。這些是地震之後新設的，舊的網架大多已被海嘯沖毀。

「那一天有好幾次晃得非常嚴重，我雖然逃到公民館[10]避難，但擔心小孩所以開車去學校。然後進出長面浦的橋因為地震被摧毀，根本無法前進。消防隊隊員在橋的另一頭大聲喊『已經發出海嘯警報了，快逃到山上，快到山上去』。我想說學校離海岸很遠應該沒什麼問題，所以就跑到附近的寺廟避難。

那是下著雪，天氣寒冷的一天。逃到山上的寺廟後，巨大海嘯排山倒海而來，長面浦的體育館就那樣被海水吞噬。我心想『應該沒關係，應該沒問題吧』的時候，看到許多住宅隨著海水漂流。因為擔心孩子的安危，我坐立難安。可恨的是，當下根本無法移動。還好倉庫儲存了白米，吃方面不成問題。過了三天，終於等到救援直升機把我們救出去。我在避難所找到丈夫之後，他說『沒找到琴』，我才知道琴下落不明。」

我們沿著河道兩旁長滿茅草的北上川往下游走，看見已成為廢墟的大川小學。不斷有人祭拜那供奉在學校前的祭壇。我跟惠子女士進入廢墟。鋼筋外露的屋樑橫倒在地，走廊被泥水侵蝕成了褐色，讓人更加感受到海嘯的破壞力。二樓的教室彷佛被強大力道掃過，如今已空無一物。只剩下不知是誰吊掛空中的風鈴，隨風發出聲響。

「我非常掛念琴的事情，每天都跟丈夫四處尋找。一聽說有孩子被沖到某個地方，大家就會從避難所的體育館搜尋到海岸。因為用鐵鍬挖可能會傷害遺體，所以只敢用手或是破瓦片來挖。轉眼間，大家的雙手就佈滿了傷痕。只要挖到外套的連帽，就大喊『找到了』。其他人接著全靠過來，用雙手幫忙挖掘。有時整天都不吃不喝，只是不斷尋找。我大概有十多天都沒有洗澡。遺體陸續被發現，而搜尋的人也逐漸變少，最後只剩下我跟丈夫兩個人，我們還是沒有找到琴。」

我們進入變成廢墟的教室後，能感受到從北上川吹來的風。咻咻，咻咻，宛如小孩哭泣的聲音。

「給小孩的物資當中，也有圖畫紙跟蠟筆。蘭很喜歡畫畫，所以我外出找琴的時候，他就乖乖畫圖。有一次，我看見他的畫讓我嚇了一跳。紅色蠟筆塗滿了整張

10　公民館是日本最普及的社會教育設施。

畫紙。原本畫好的人臉捲入紅色的漩渦。明明有二十多種顏色，卻只用了紅色。我當下覺得『這應該是蘭內心的呼喊』，所以我說跟丈夫說，『不可以留下蘭自己，我不去找了』。」

之後，我們沒有回她居住的臨時住宅，而是到由理女士開的淋巴按摩工作室繼續聊。因為有次下課回家的蘭告訴她：「住臨時住宅常會聽到隔壁傳來鼾聲或放屁聲，連沖馬桶的聲音都聽得一清二楚，每天都像在修行。」

地震之後，有認識的人拜託惠子女士「來美容沙龍幫忙」。但她不只是去幫忙，而是抱著「想試試自己在如此悲慘的狀況中，究竟能做到什麼程度」的心態。一般來說，需要花五年左右取得執照，但她只用三個月就取得『按摩師』執照。然而她做了兩年便辭去這份工作，因為她出現了躁鬱症狀。

「心裡一直想見他，好想見他，就算只剩下透明的輪廓也沒關係，多希望他來見我，但什麼都沒發生。地震之後的第二年，才發生了不可思議的事。其實只要有心工作，生活並不會有什麼問題。

我記得是二〇一三年的六月。那場變故之後，每逢忌日我跟丈夫一定會回我們地震前住的房子。因為我不喜歡經過學校，所以沒辦法自己去。但不知何故，那一天我回過神來，發現自己已經站在家門口了。想說怎麼會這樣，於是順手拿手機拍房子。我看著手機照片，琴就出現在窗戶邊，原來他一直在我身邊。剛拍下照片時輪廓很清晰，任誰看了都知道那是琴，但時間越久就變得越模糊。」

惠子女士露出失望的表情，這時在一旁聽我們講話的蘭突然插進來，吵著說「給我看，給我看」，惠子女士說「我沒拿給你看過嗎」，蘭嘟著嘴回「沒給我看過呀」拿走手機。看到照片的瞬間，蘭發出「啊，這個是」的奇妙反應。

「這個是，我知道了！藍色跟紅色的這裡……」

那確實是一張能看見臉孔的奇特照片，但我這個局外人無法判斷那是否就是琴。她剛開始拿給琴的同學媽媽看，照片清楚到會立刻說出「是琴」。

而在那之後發生了更不可思議的事。在沒有風的情況，窗戶也關上了，桌上的面紙卻劇烈飄動，然後附近傳來巨大聲響。現在也常從天花板傳來走動聲，以及敲打牆壁的聲音。

「敲打牆壁或是在天花板走。丈夫跟其他人也都聽見了。臨時住宅的房間很小，當作臥室的房間只能睡兩個人，所以我就睡在擺放佛壇的房間。丈夫也聽見了，似乎睡不太著，隔天跟我說『昨天琴有來』，又說『那小傢伙一直讓天花板跟牆壁發出聲音』。我睡覺時也是如此。碰碰碰，很有節奏地在天花板上走。大概都是在半夜。

琴走路的方法很特別，他會邊走邊跳，就像走在雲上面。我們半夜聽到的走路節奏跟他完全一樣，馬上就能認出『這是琴』。有時甚至像在參加運動會，發出的聲音大得有如最後衝刺，完全不知道危險害怕。

是有人在上面跑來跑去？但臨時住宅的上面沒有住人，不可能有人在天花板上行走。

從牆壁傳來的聲音像是在敲門，叩叩叩。他是一個很調皮的小孩，有時會故意弄出像甩包裝紙的聲音。該怎麼形容，不是『嘶嘶』而是『啪噠啪噠』。琴這個孩子一刻也靜不下來，到現在還是那樣，尤其盂蘭盆節期間更吵。」

蘭插嘴說「像座敷童子[11]」。我回「確實如此」。我問蘭「他是不是常常半夜在屋頂奔跑」。蘭回說「不是每次」。

惠子女士說：「我平常都像現在這樣很開朗，但有時也會覺得後悔或傷心，然後就會睡不著，或是一個人哭。這種時候，就會聽到他調皮地在屋頂跑，或是敲牆壁發出聲音。他一定很擔心我。」

琴的腳步聲，彷彿徘迴在連接兩個世界的空中迴廊。不僅如此，還能感受到死去孩子的貼心。為何不是在地震剛過那最痛苦的時刻出現呢，而是等到稍微穩定之後？

「剛開始我因為太難過，整天躲在家裡哭。雖然知道還有蘭要照顧，我必須振作起來，但真的沒辦法。我當時想早點見到他，如果他不能來看我，那我就過去找他——當我滿腦子都是這個想法，他並沒有出現。假如在這麼痛苦的時候見到

11 座敷童子日本傳說中的一種精靈，會為家裡帶來好運，但非常喜歡惡作劇，有時會把家裡弄髒亂，或故意擾人清夢。

（琴），我說不定會更想離開這個世界。他因此才會擔心，刻意不讓我見到他。他會在天花板走路，應該也是因為我已經調整好情緒，能專心工作，不再一心想死，琴才會出現安慰我。」

發出像是玩包裝紙的聲音，在天花板上走動，讓面紙在沒有風的狀況下飄動，發生了這麼多奇妙的事情，所以惠子才會跟由理說出一樣的話。

閒聊之餘，惠子說大概只有東北才會有人聊這些奇妙的體驗。

「我身體狀況欠佳時，剛好遇見能通靈的人。他問我『妳昨天有去哪裡』，我回答『有去墓地』後，他回『果然，因為有位老太太和小女孩跟著妳』。那時我對著琴過世的同學——一個小女孩的墓說，『妳媽媽也很努力喔』，之後回到家身體就開始不舒服了。

『我該怎麼辦？』

『妳會跟那個小女孩的母親碰面嗎？』

『明天會見到。』

『告訴她那天發生的事，然後跟孩子說「妳媽媽來了」，再把孩子交還給她。』

我一見到女孩媽媽，就跟小孩說『別認錯媽媽喔』，然後做出把孩子交還給她的動作，肩膀一下子就變輕鬆了。而老太太則是因為『擔心孫女才跟過來的』，所以我拜託那位通靈者請老太太回去。」

我也從別的地方聽過跟惠子女士類似的經歷，東北會這樣保有「陰陽兩世界」的觀念，或許正因為發生了這些靈異體驗。

惠子女士拿出大川小學的相簿以及用薔薇裝飾的遺照給我們看。琴露出微笑，看起來很有氣質。我第一次聽到琴這個名字，原以為是個小女生，琴可能會生氣吧，但後來看到相片，真的像女孩一樣漂亮。

琴出現在惠子夢裡的時候，不知為何總是回到嬰兒時期被惠子抱著的模樣。惠子女士覺得，應該是小兩歲的弟弟出生之後，比

永沼琴小朋友

較沒時間去疼愛他的關係。

「琴也很疼弟弟，但可能還是覺得媽媽被搶走了。只有我們兩個人的時候，他會問『為什麼要生蘭』或說『希望永遠都是我媽媽』。所以，即使他在夢裡也想被我疼愛。那個孩子真的很愛撒嬌，而且從來不會害羞。記得他小學一年級時，我參加教學觀摩。我送他搭上校車後，也準備出發去學校參加教學觀摩，結果他在校門口等我。我下車後，他馬上衝過來抱著我，說『媽咪，我好想妳』。簡直像好幾天沒見面似地黏著我。不知道的人還以為我們分開住呢。

旁邊有女孩子笑著說『好像小嬰兒喔』，所以我告訴他：『都一年級了還這麼愛撒嬌，會被笑說像女生喔。』

他卻回我『說我像嬰兒也沒關係』，還是繼續黏著我不放。」

不只是這個部份很特別，他們也稱琴是「奇特小子」。或許正是因為奇特，所以才會在屋頂奔跑吧。他的夢想是成為祭神樂師。

「祭神樂師？」

「神社祭拜儀式上不是有跳神舞的人？就是跳祭神舞的人。我兒子對棒球、足球完全沒興趣，他的夢想就是參加御神樂大會。我們參加祭典時，他跟神職人員變成好朋友，還拿到他們的名片。他有很多神職人員的名片，快到祭典的日子，他會打電話去問『這次祭典是哪時候呢』。他沒說過想去遊樂園玩，但卻會說某個地方的祭典有祭神舞表演，要我帶他去看。到了那裡，會有我們不認識的大人過來打招呼『你來啦』，好像彼此是好朋友。真是個奇特的孩子。

他放學回家當然也會去跟其他小孩玩，但出門前會先在家裡跳一小段祭神舞後才會說『我出去玩囉』。我丈夫會在庭院裡做木工，而庭院就是琴跳神舞的舞台。他播放神舞的音樂ＣＤ，跳著祭神舞，跳完之後他才會出去玩。

我們的家族旅行，大多也都會選中尊寺、金華山等神社或寺廟。從石卷一路開車往山上走，沿途會看到許多神社，只要看到鳥居，他就會發出『哇，媽咪妳看是鳥居耶』，聲音像是發現寶物那般興奮。

他只要看過一次，就能記住是哪一間神社。看到報紙上有神社的廣告，他從照片就能認出『是雄勝的葉山神社吧』、『是皿貝的大日孁神社耶』。那麼難的漢字應該不可能唸得出來，但他卻記住了。多虧他，石卷的神社我們幾乎都走遍了。而且還會去圖書館，當他知道御神樂的演出節目有『開岩戸』這段時，會去借相關的書……看陰陽師電影的時候，他如果說『媽咪，這是在講開岩戸的故事』，我大概也只能『真的嗎』這樣回了。」

「這個興趣大概是從幾歲開始？」我問。

「大概是三歲。」

「才三歲就對神社有興趣？」

石卷的神社相當多，根據宮城縣神社廳的調查，宮城縣內的神社共有九百三十一間，其中石卷就有一百四十一間。在地震之前，琴早就全走過一遍，而且還記住了，果然是「奇特小子」。

有次我趁著空閒，到石卷市的幾間神社晃晃。從石卷車站步行就能到達一處高地，上面是羽黑山鳥屋神社。我進到神社辦公室看看，剛好遇到一位年輕住持吉岡先生，詢問下才得知，光是出現在《延喜式》[12]的神社，石卷就有十間左右。順帶一提，根據那位住持的說法，東北約有一百多間神社出現在《延喜式》，其中大半位在宮城縣。繼承千年的這間古老神社，是在大和朝廷建造多賀城時一起蓋的。那個年代，神社所在位置稱為鳥屋岬，而現在車站與商店街周遭則是一片海洋。住持說「那時在船上就能看到神社」。石卷也跟氣仙沼一樣，是經長年累月的砂石堆積，或者是填海而來，但現在全都被海嘯沖走了。

沉默了一陣子，惠子女士幫我重新倒了熱茶。

「他想成為祭神舞師嗎？」我問。就我所知，祭神舞師也必須繼承神社職務。

「我們有找到教御神樂的地方，但他那時候還在讀一年級，對方說要到四年級才會比較懂，所以拒絕了。琴知道這件事之後，哭了好幾天。雖然不能去學，但因為他很喜歡，所以我們還是會去有表演神樂舞的地方錄影，然後讓他看影帶每天在家練習。

他上了小學之後，有四位神樂師特地到我家拜訪，不知道是在哪一個祭典看過琴跳舞。他們說『請把琴交給我們』。地震前一年的十一月，他參加河北（石卷市中北部的舊町域）的御神樂大會，那個舞台相當盛大。對那個孩子來說，那應該是

12《延喜式》是平安時代的一套律令條文，對官制、儀禮的規定詳盡，是研究古代日本史的重要文獻。

人生最耀眼的時刻。」

「真的很少有小孩三歲就對神社和御神樂感興趣。」我說。惠子女士瞇起眼睛笑著說：「因為他本來就是個奇特的孩子。」

「他兩歲就能跟我們進行一般對話了。大概是在過完兩歲生日那時，我問他記不記得在媽媽肚子裡的事，然後他就開始說『記得呀，我在水裡面游泳』又說『裡面很暗，可是我聽得到媽咪的聲音喔』劈哩啪啦說出一堆他記得的事，嚇了我們一跳。

那個孩子四歲以前沒有上幼稚園，都是我一手帶的，所以應該沒聽過這些事才對。我覺得他是真的記得。那天他沒多久又開始說『我有在天上看到媽咪喔』。

『在天上看到媽咪，很想到媽咪身邊，真的見到媽咪好高興喔！』

啊！這是怎麼回事，一想到是他自己選擇當我的孩子，我的內心就十分激動。

對了，他開始上大川小學時，大概是開學後兩、三天，他放學回家時很開心，我問他『發生什麼開心的事』，他回我『變成小學生之後，我就什麼都看不見了』。我心裡想，你是都看見了什麼了。打從那時開始，他再也沒說一些奇怪的話了。」

還是沒有找到琴的遺體。但惠子女士跟琴的心緊密相連。每當想起已經沒有未來可談的琴，惠子女士就這麼想：我不可以絕望，我只要盡其所能，琴就能到一個美好的地方（那個世界）——。

惠子女士因為「想讓琴看見自己努力的模樣」，所以取得美容與耳部穴道按摩師的資格，在二〇一五年開了屬於自己的沙龍。或許是過世的琴默默地為她加油。

惠子女士與由理女士有許多共同點。不只限於這兩個人，我想所有失去親人的人都是如此。由理女士想到孩子其實就在自己身旁，因而想努力生活，惠子女士也是如此。

「我沒辦法去接他，也幫不了他，但只要聽見他在屋頂奔跑，知道他在我們身邊，就讓我有堅持下去的勇氣。」

她也這麼說：「如果是看到其他人的靈魂，我本來應該會害怕。但現在我有了不同想法，那個靈魂也是某些人重要的親人，只要這麼想就不會覺得可怕了。」

我記得由理女士也說過一樣的話。

如果真有「這個世界」跟「那個世界」，那麼在我們內心就會有一道深深的溝渠。假如是理性主義者，會說「那個世界」根本就不存在。但對這兩個人來說，死者所在的「那個世界」像是鄰居一樣的存在。正因如此，以前會用「去世」來表現死亡，我想多少是帶有這樣的意思。而認為祖先會從死後的世界觀看我們的一切作為，「對不起先祖」的倫理觀也是如此，

過去的日本認為生者與亡者皆存在於同一個世界。也就是說，亡者與生者是共同體。

就像沖繩清明節時會在門中墓[13]前面跳舞的風俗，也如人們在盂蘭盆節會到墓前祭拜故人喜愛的食物。只要到鄉下地方，現在還能看到在鴨居[14]上擺放亡者的照片。直到現在，東北地方仍保留與亡者一起生活的文化。

與死者相會，不但是後悔摯愛離開的生者、與進入另個世界的死者和解的機會，同時也是與死者一起活過的證明。正因如此，不管是何種形式，我都祝福他

們能與重要的人再次相見。若能相見，生者應該就能與死者一起再度編織新的故事吧！

這次探訪各種奇妙經歷的旅程已接近最後階段。我搭上石卷開往仙台的電車，坐在靠窗的座位，眺望著太平洋。有幾個女學生聊著八卦，一路上吵吵鬧鬧。

我為何安排這趟旅程呢？如果在十年前，我光是聽到「靈魂」這兩個字就會心生抗拒。但在聽過許多關於死亡的事情後，讓我明白用理性思維來解釋那些難以理解的死亡是何其困難。

開始這趟旅行的契機，我想應該是《遠野物語》。雖然這本書提到地震後關於靈魂的故事只有一則，但我想，如果柳田國男是在明治三陸地震之後寫這本書，說不定還會聽到更多故事。

13 沖繩自古代起，就盛行的獨特祖先崇拜方式。這是一種以父系為中心，建造墓穴，代代葬入其墓穴，代代守護的習俗。

14 「鴨居」是門窗附有溝槽的木板。

我走在災區，閉上雙眼想像百年之後這裡會變成什麼模樣。包括我在內，眼前的行人、開著卡車的司機大哥，還是因海嘯失去家人的遺族全都不存在。記憶會隨著時間逐漸模糊，話語會被風化，靈魂的故事也會因當事人死亡而消失。即便留下了死亡失蹤的人數，但與死者有關的故事卻不會留下。至少在此前，我想將他們的故事寫下。雖然不是什麼偉大的事，但我認為不做會對不起他們。至於會對不起誰，我自己也不知道。

這趟旅程讓我明白，有人就一定會有故事。

失去摯愛之後，只要能夠撫平內心的悲傷，對當事人來說，就是一個「可以接受的故事」了。內心所認同的故事一旦出現，活下來的力量便會出現，而或許奇妙故事就是由此而生。再次見到去世的人，將原本已終止的故事再次連結。而最後只有將故事轉述給其他人，它才會變完整。

正因如此，我才會常聽到「終於有人願意聽了」、「這些連家人也不信」之類的話。有些人原本只打算說一個小時，但見了面卻講了三、四個小時。他們想告訴別人卻難以啟齒，因為他們所經歷的事情無法用科學解釋，容易被其他人誤以為是穿鑿附會。我前往災區採訪這些奇妙經歷時，也曾碰到一些人用奇怪的眼神看著我，說「嗯……你相信有鬼喔」。

我想之所以有這些誤解，應該是混淆了「鬼魂」和「靈魂」兩個詞。「鬼魂」是江戶時期，以歌謠或歌舞伎方式表現的鬼怪故事。而「靈魂」則是指「死後意識」。靈魂是否存在的問題，其實沒有正確答案。因為科學這門學問，是從自然現象中，挑選出那些可以重現的現象，再用數據統計來分析解釋。無法再現的「靈魂」是不可能成為科學的研究對象。

前面提到的岡部先生，在去世前幾個月曾這麼說。

「物理學者中谷宇吉郎說，將邏輯大網放入大自然這片海洋，最後撈取到的就是科學成果，而大部分海水都會從科學的網孔流出。只要明白科學的極限，就不會咬定靈魂不存在。」

科學是以法國哲學家笛卡兒「我思故我在」的思想為基礎，強調科學必須跳脫研究對象並進行觀察。換言之，近代科學只有約四百年的發展歷史。在四十億年的生命歷史中，只佔有四百年。科學的歷史相對短，若是無法用科學解釋就排除，那豈不是太愚蠢了。

一百個人就有一百則故事，而遇過奇妙經歷的人越多，能記述下來的故事也就越多，我所遇到的不過是鳳毛麟角。如果看見亡者或是聽到亡者聲音等靈異經歷為「真實」發生，那與其去討論「靈魂」是否存在，不如敞開心胸接受當事人的體驗。

有些遭遇過悲慘境遇的人，希望透過說出自己的故事來撫慰傷痛。如果這個社會不願接受，讓他們鬱鬱而終，那不是才更奇怪嗎。雖然我不是《小王子》的作者聖修伯里，但我認為，不光是看得見的，世界上有些看不見的事物也同樣重要。先不否定「不科學」的奇妙經歷，如果靜心聆聽那些悲傷的人的聲音，那麼他們應該就能愉快地與死者度過餘生。

我在仙台轉乘往東京的電車。

電車上，我回想在這趟短暫旅程邂逅的人們，他們的悲傷與自我療癒的方法。目前災區都已逐漸恢復到原本的狀態，包括石卷在內。橋墩修復了，道路開通了，新的大樓重新建起，住慣的地方變成一座新城鎮——即便如此，一切真的完全重建了嗎？死於那場大地震的一萬八千個人，他們的家人仍哀傷地度過每一天。

城鎮可以修復，但他們的內心卻難以平撫。應該沒有人能撫慰他們吧。我們能做的，大概只有陪伴並理解他們的悲傷，靜靜聆聽直到他們重新站起。直到他們振作起來的瞬間，就會與死者也有一段新的故事，那個故事永遠沒有結局。而故事每增加一頁，我的心隨之悸動。

以這一小段文章作為回顧，一個月後，他們的故事將會吸引我再次回到東北的受災區。然後，這趟旅程也會繼續走下去。

夏之旅

6 只剩下靈魂，也想要擁抱

阿部秀子的經歷

初夏的某一天，我從岩手縣的一之關搭大船渡線前往氣仙沼。來到八月，受災地因為盂蘭盆節前夕而變得十分忙碌。列車行駛於深山密林間。上一次旅行結束之後，我暫返東京，不過後來被他們奇妙的故事所吸引，再次前往受災區，正如當時我自己所預言的那樣。

電車終於抵達氣仙沼，即我的根據地。我之所以稱氣仙沼為根據地是有道理的。以前我常去位於沖繩南部的糸滿市，這個常出現在沖繩戰後史的地方。那裡是個漁人居住的村落，當地人十分豪爽又很親切，生活也很隨興，是我非常喜歡的城鎮。氣仙沼同樣也是漁村，居民不管是待人的方式，或是大而化之的個性都和糸滿市很像。

氣仙沼在江戶時期迅速發展，為了捕捉鮪魚而來到氣仙沼的紀州漁夫，將捕捉鮪魚的海釣法傳授給當地居民。根據氣仙沼出身的東北大學災害科學國際研究所的川島秀一教授所述，一七四六年，光是氣仙沼這個地方就有三千七百人居住，可見當時發展盛況。昭和時期也是如此，川島先生至今還記得當時的榮景。

「船入港時真的很熱鬧。我老家在花街的太田，所以我知道。他們因為颱風，暫時到這裡避難，整個城鎮變得相當熱鬧。人來人往，幾乎連走路的地方都沒有了。聽說可以在馬路上看到腰間塞有大把鈔票的漁夫。船要離開時，小酒館的老闆娘還會特地到港口掛紙彩帶歡送呢，捕得越多的船隻，紙彩帶越多。或許是因為雄厚財力對小酒館的貢獻不少。這就是典型的漁村。」

氣仙沼可能因為環境如此，所散發的氛圍才會與糸滿相似。比方說，通常在採訪結束時，我表達感謝之後就會離開，但在糸滿，我曾遇過「既然採訪完了，就一起去吃個飯」或「來喝一杯」，有時甚至還會碰到對方說「乾脆住一晚再走」的情況。在氣仙沼也是如此，上一趟旅行我就常到經營電器工程公司的熊谷光良先生家住，當然三餐也承蒙多次招待。尤其是在二〇一四年之前，由於災區重建，當地的旅館幾乎都被大企業租借了，根本無法訂到房間，因此我只好長時間寄住在熊谷先生家。

這一天，我也是寄住在熊谷先生家，然後隔天便租車前往阿部秀子（69）女士的家。海嘯帶走的是她丈夫義雄先生（享年72歲）。

我租借的車子附有導航系統，只要輸入地址就會指引你抵達目的地，但大部分受災戶的地址都是新建的，導航系統未必找得到。拜訪阿部女士時也遇到這個狀況，連續問了好幾家仍然找錯，最後只好請阿部女士來接我。

阿部女士的家整理得很漂亮。她應該很喜歡園藝，玄關前的庭院種滿了玫瑰、百合等盆栽，散發出甜甜香氣，迎接客人的來到。

「在東日本大地震發生前的六、七年，蘇門達臘也曾發生海嘯（二〇〇四年十二月二十六日）。當時在當護士的女兒看見那則新聞，說我們家離海那麼近，如果有海嘯一定逃不了。後來她找到一間高地那裡的老房子，建議我們買下來。地震發生前，我們把這裡當作別墅，偶爾會來住住，沒想到海嘯竟然來得這麼快，非常慶幸我們有地方能逃。我們如果沒買這間房子，應該無處可逃，現在也已經在另一個世界了。女兒們的家都是靠電力，地震發生後根本無法煮飯，所以大概在這裡住了有四十天。好險我女兒有先見之明。」

顯然秀子女士以女兒為傲。她穿著亮藍色T恤，下半身則是牛仔褲，開心地稱讚自己的女兒。

這棟建物蓋在緩坡上，白天時客廳的光線十分充足，甚至會有些刺眼。或許有種植作物，從客廳的窗戶望去，能見幾畝田地裡種了紫蘇、白蘿蔔、紅蘿蔔、馬鈴薯及青蔥等蔬菜。我想那應該是供自家食用的。

地震發生時，秀子女士正在氣仙沼潮見町地區，一間岸壁附近的乾洗店工作。由於與旅館合作，所以工作量相當大，也十分忙碌。

「我不知道丈夫是怎麼死的，因為他的遺體是在車子裡發現的。他是自治會會長，或許是為了協助當地居民到公民館避難。他告訴我們『趕快逃，等我確認其他

人的狀況後就會趕上』，所以他姐姐才開車帶我們逃到這裡。結果半路大塞車，車子一動也不動，費盡力氣才開到這裡。雖然沒看到海嘯，不過氣仙沼整個燒起來，熊熊大火將天空染紅，餘震也不斷，簡直像在地獄。女兒從醫院回來，一聽見她說『整個城鎮都毀了』，我們心都涼了。

等到天亮之後，我走路到鎮上看看，盡是惡臭、火災、瓦礫，眼前景象教我淚流不止。走到市中心，我聽到有人大叫『你也會死喔』。丈夫總是熱心助人，或許現在還在公民館照顧其他人——我那時是這樣想的。不過一直聯絡不上他，內心的不安逐漸擴大。隔了一天，我開始每天在瓦礫中搜索。」

「咦，就從這裡開始搜索嗎？」

這裡距離市中心約有五公里。那時因為買不到汽油，加上有許多陡坡，即使是男人大概也需要一個半小時才能走到。

「我那時心無旁騖，腳走到起水泡也不覺得痛，還是繼續走。根本沒想過他會死掉。我幾乎每天都在哭，最後像哭乾眼淚似的，再也哭不出來。也可能是徹底放棄了。老公是氣仙沼槌球會的會長，聽說遺體安置所將要搬遷到槌球場時，不知為何，我覺得老公就快要被找到了。不知道是否能在地震後第四十天找到。他是在離家有點遠的地方被發現死在車裡的，車內其他物品都被沖走，別人在他抱著的手提包裡找到駕照及存款簿，由此才知道他的身分。我丈夫雖然對工作沒那麼熱中，卻很認真又喜歡照顧別人，所以才會來不及逃走。」

就在發現丈夫遺體前一天，秀子女士遇到無法解釋的事。

「今天還是沒有找到，明天一定可以的——我邊這麼想邊走到二樓。覺得有點奇怪，低頭往下看，看見他笑著走過家裡，而且還走過兩次，像是用鉛筆畫出來的。因為沒有支撐，他去的地方一般人根本無法站立。我很確定就是丈夫。我為何如此確定？因為是我丈夫啊，我憑感覺就能知道。所以我開口說『啊，你來了』。丈夫的姊姊也和我住一起，我問她『姊姊，有看到我丈夫嗎』，她自然是沒看到。

第二次發生在傍晚。我去拿要洗的衣服時，突然看到白色的門前站著一個黑色人影。看到搖晃的影子，心裡毛毛的。我問他『你想回來吧。是不是已經被找到了呢』。」

隔天一早，秀子女士心想一定要在當天找到。才打開玄關的門，電話就突然響了。警察說發現了一個很像是義雄先生的人，希望家屬過去確認。

「可能是心意傳遞到了，我眼前突然一陣暈眩。」她陳述往事般說著。秀子女士接到那通電話時很矛盾，「希望找到丈夫，同時得知他死了又很難過，心情非常複雜」，那時哭到幾近崩潰。我再度打起精神，做好心理準備之後，在庭院摘了幾株白百合前往遺體安置所。

「他離開時穿著什麼樣的衣服？」我問。

「遺體安置所也有問我，是穿著純羊毛的粗針織毛衣，他穿起來像不倒翁。啊，因為他很高，哈哈哈！」

不知哪裡好笑，秀子女士笑個不停。看到她笑得那麼開心，我也跟著笑了。這趟旅行中，笑著採訪是第一次。

「我一看到遺體，整個人都愣住了，不曉得該怎麼辦。心裡不斷想著要堅強，要撐下去。

大概是前一天他笑著出現在我面前那時被找到，然後因為被找到，所以放心了，晚上才會回到家裡。他能回家真是再好不過。」

秀子女士剛才還笑得那麼開心，現在卻眼泛淚光，接著不由自主地掉下眼淚。

或許她是想掩飾脆弱的心，才會用笑容強壓著淚水。

「活到七十二歲，很難相信他就這樣走了。今天接受採訪本來不想哭的，但還是沒辦法。」

大概是在找到遺體後的十天。

「跟女兒睡覺時發生的。這裡的夜晚非常安靜，只聽得見蟲鳴。那時，有一個像是老鼠或小貓的生物鑽進我被窩，到處亂動。我感覺到牠跑到我腋下附近。『老公，是你吧』我心裡這樣想，但可能是受到驚嚇，覺得心裡毛毛的。女兒睡在旁邊，我跟她說。

『好像有小貓跑進來了，大概是妳爸爸吧！』

『在胡說什麼呀！』

她說完這句話後，那個生物就不見了。真是不可思議，如此那時再忍一下就好了，應該安靜觀察發生的事，結果我卻忍不住問女兒。不說話不知道會怎樣，第一次遇到這種狀況，哈哈哈，有點不知所措。」

「不害怕嗎？」我問。

「我有被嚇到，但不害怕，因為是我丈夫呀。那時我每天都在哭，應該讓姊姊很難受吧，真對不起她。我的情緒很難恢復平靜，連我自己都無法控制。幸好那時有女兒安慰，如果丈夫看到我那個樣子，應該也會安慰我。」

「妳為什麼知道那是妳丈夫呢？」

「我也說不上來。我只有他，而且很想念他的擁抱。其實發現他遺體時，我也很想抱抱他，但因為已經裝在塑膠袋裡，就只能讓他去火葬場，好可憐喔。我幫他的遺體蓋上長袍，也寫了好長的情書給他，但不管怎樣，真的很想再擁抱他一次。沒能那樣做，是我不好。」

「情書寫了什麼呢？」我問，秀子女士嘴裡雖然說「要問這麼多嗎」，卻很開心地回「沒有影印下來所以有點不記得，總之就是好好稱讚他一番」。

「妳一點印象都沒有嗎？」

「要說那麼詳細嗎？」

「嗯，比方說『愛你』之類的。」

「差不多啦。在便條紙寫了『我愛你』那種話。居然跟你說這些無聊的事。真是抱歉！」

「只寫了一封嗎？」

「只有一封信，便條紙則寫了有五張吧。」

「你們結婚前也會寫情書嗎？」

「會啊，現在我都還留著呢。我們從來沒有約會過，因為那個時代的父母親非常嚴厲，沒有其他人同行的話，兩個人根本不可能單獨見面，所以用情書代替約會。」

我請秀子女士讓我看她丈夫的照片。她拿出的好幾張照片，沒有一張是兩個人一起拍的。我問她「合照被海嘯沖走了嗎」，秀子女士不好意思地說「這個啊……女兒結婚時本來想一起拍的，可是他太害羞，結果逃跑，所以最後才沒拍成，我們真是奇怪的夫妻」她又呵呵地笑了。

有一張照片，雖然兩個人站得有點遠，但勉強算是夫妻倆的合照。她現在睡覺時會把照片放在枕邊。

秀子女士結婚前住在氣仙沼的鹿折，她的母親則在家裡教裁縫。

「我母親有學生很喜歡跳舞。不是社交舞而是民族舞蹈。那個人邀我一起去社區活動中心參觀，丈夫就在那裡教舞。那時，帶我去的那個學生跟他一起在大家面前跳華爾滋，動作非常漂亮，跳得很棒，可能我就是因此受吸引。之後他成為我的舞蹈老師，開始團體約會。

我因為跟媽媽住，所以很難單獨與他約會。第一次約會，母親問我『你們要去哪裡』，我回『要去電視鐵塔』，她卻說『我也沒去過，那我跟你們一起去』。所以我們從沒兩個人單獨散步。

阿部秀子女士夫婦，唯一的一張合照。

我們打算結婚時，父親非常反對，這也是沒辦法的事。因為對象有九個兄弟姊妹。丈夫老家經營洗衣店，店裡有兩個員工，連他們也要照顧，嫁過去應該會很辛苦。父親捨不得我太累所以不贊成，我卻跟他說『一定能克服的，沒有問題，而且我跟長輩也都相處得很愉快』，我拍胸脯保證，堅持要跟他結婚。其實我幾乎沒有休息過，雖然過年跟盂蘭盆節店裡會休息，但老公的兄弟姊妹會來家裡，反而變得更忙。自從結婚之後，我不曾回娘家過夜。」

「因為是大家庭，所以房子也很大嗎？」我問。

「沒有，是只有約三十坪大的小房子。一樓是店面，大家都睡在二樓。有四間房間，一個房間要睡好幾個人，所以大家只能並排。」

那是典型的大家庭，丈夫、女兒、公公、婆婆、妯娌都住在一起，非常熱鬧。秀子女士每天從早上四點，一直工作到半夜。把洗好的衣物交給客人當然也是工作的一環。

我換個話題，問「有什麼事情想跟老公一起做呢」，秀子女士瞇起眼睛，馬上回「有哇」。

「我希望別只煩惱工作，能兩個人一起去旅行。我約過他去阿武隈洞玩，但那時候他只想趕快存錢蓋一棟房子，所以回我『先別去』，如果那時我堅持去就好了，現在好後悔。

我丈夫原本想當學校老師，但因為家業沒人繼承，只好留在家裡幫忙。可能他想彌補這份遺憾，所以偶爾會去當義交，或在舉辦運動活動時幫忙，最後還當了宮城縣的槌球協會副會長，要是有祭典，他就會站在十字路口指揮交通。他真的很幸福，能做自己想做的事。但也因為熱於助人，所以從來沒有全家一起去參加祭典。我看見那種手牽手一起逛街的家庭，心裡非常羨慕。

我也是那種很喜歡做生意，就算忙到沒時間睡覺也無所謂的人，也可能是這樣才從來沒跟丈夫出去旅行。我們除了蜜月去福島之外，兩個人只有去鳴子溫泉住過一晚，幾乎沒有離開過氣仙沼。因為家裡開店，沒辦法放假。可能他也覺得有點對不起我吧，那天才會跑進我的被窩。」

「從不抱怨……你這點真的很讓人敬佩。」

「是我自己要嫁過去的，當然要堅持下去，所以根本不覺得辛苦。也是因為生在那個年代才能忍下來吧，要是現在的人早就離婚了。我雖然辛苦卻也很快樂喔，因為我很喜歡工作，而且還有兩個女兒陪我。」

「就算丈夫這麼不體貼，你還是很愛他嗎？」

「當然，因為他有很多我沒有的。」

「譬如說？」

「像是敢在很多人面前說話，或指揮其他人做事情，而且還生了兩個很棒的女兒。她們是我最珍貴的財產。」

秀子女士吸了一口氣，繼續說。

「希望丈夫在那個世界可以好好休息，以後我再跟他手牽手在空中悠閒散步。」

地震發生的前一年，義雄先生原本預計要動心導管手術。在他住院接受術前檢查的那段期間，秀子女士的母親過世了，因此又暫時辦理出院。在那之後，手術這件事就一直沒有下文。秀子女士最近開始覺得「他一定是覺得活著會痛苦，所以才先到那個世界，這樣說不定對他比較好」。

秀子女士只有在發現義雄先生遺體的前後才碰到奇妙事件。她笑說「供奉陰間飯菜之後，他就出現在我夢裡，我到那時才確定他變成靈魂了」。她夢中的義雄先生，都是三、四十歲的模樣，那時候他相當有活力，小孩子差不多在讀小學、國中。而且，秀子女士夢到的都是日常生活。

「可能因為從沒去旅行，都在家工作的關係，所以夢到的都是跟家人們吃飯這種日常生活。比較常夢到小孩讀小學、國中那時的情形。除了這些，我沒夢過其他，很不可思議。可惜的是，我沒有做過我們兩個人甜甜蜜蜜的夢，大部分都還是他跟小學的女兒，開心地圍在跳馬旁邊，或是在家附近玩的夢。全都是那個階段最快樂的回憶。那時雖然他不常在家，但每天都過得很愉快，相當充實。丈夫在夢裡都十分健康，我很高興。全都是開心的夢，我覺得好幸福。一定是不想讓我悲傷，所以才讓我夢到這些快樂的夢。老公，謝謝你！」

義雄先生擔任過自治會長等職務，秀子女士現在也開始參與當地各項公益活動。她在採訪過程中不時接到電話，因為原本要參加地區大會，結果為了我而缺席。但現場很需要秀子女士，一直打電話來催，她跟我連說了好幾次「真是不好意思」，然後開始準備出門。

夏日的陽光，十分炙熱。

我們穿鞋的時候，看到玄關有一些青蔥。應該是從自家田裡採的，我說：「看起來很漂亮。」

「長得很好的嚇人青蔥。」秀子女士反射性地回答。

「你說的，應該是下仁田的蔥吧[15]。」

「哈哈哈！」

即使是採訪的最後，秀子女士還是很讓我放鬆愉快。

她經歷過的人生是我們無法想像的，卻沒聽到她抱怨「辛苦」。快要哭出來的時候，她就用笑容給自己安慰。有時候還會開一些黃腔讓我笑。只有幸福的回憶留在她的腦海。我想，因為對秀子女士來說，義雄先生是她一生的摯愛。

---

15 群馬縣下仁田町是日本知名的青蔥產地。

7 站在床邊的丈夫

赤坂佳代子的經歷

還有一位我想採訪的人在氣仙沼。幾天前那位女士透過認識的人介紹，突然打電話給我。赤坂佳代子女士（71）在電話中表示「想告訴我一些事情」，是關於她與死於海嘯的丈夫嚴先生（享年67歲）兩人「邂逅」的事。她開始在電話裡滔滔不絕地講述，所以我答應她「我常去氣仙沼採訪，有去的話一定會去拜訪」，過不到一個月，剛好有去氣仙沼的機會。

在地圖上搜尋佳代子女士的住處，似乎在氣仙沼市中心。就在流經氣仙沼的河川旁，沿著河岸道路往北走，一路持續向上，目的地就位在半山坡。這個地方沒受海嘯波及，道路也沒受任何影響。雖然這個地區在地震前算是比較偏僻，現在卻有許多人或物聚集在此處。我很快就找到了佳代子女士的家，而先前幫我許多忙的熊谷先生，他公司應該也在這附近。

可能因為生長在漁村，佳代子女士給人一種強勢、話少卻精的感覺。與其說她對丈夫百依百順，我倒覺得他們更像是一對會吵架，然後再攜手面對問題的夫妻。

客廳通風良好，佳代子女士拿出地震當時的報紙給我看，然後說：「你看這裡報導『因為有骨折傷患，醫生把紙箱裁切成適當大小，用封箱膠帶做緊急處理……』，那個傷患就是我。」

「我家在魚市場後面開了一間水產加工廠，兒子也在那裡工作，我則負責出納。大概有二十個員工，那時兒子帶他們去聯合政府大樓避難，幸好沒人受傷。可是我丈夫卻沒有逃出來，跟公司一起被海嘯沖走了。」

說完之後，佳代子女士沉默了一會兒。

「他那時說『快點逃』，要我先離開。可是我想到一些資料沒拿，所以又跑回公司，他很生氣地說『笨蛋，回來做什麼』。我從沒想過海嘯會來，所以還慢慢把資料搬到車上。但就在回家途中，我連人帶車都被沖走了。工廠的位置環山面海，海嘯才會這麼快就到達。

我看到一堆車子塞在路上，還想說到底發生什麼事，然後一回頭，海水就洶湧而來。我心想，這樣的水勢應該逃得了，於是解開安全帶、抱著資料、打開車門，當我正想踏出車外，海水猛力襲來，車門被海水衝擊而關上。好痛呦，只記得當時有把被車門夾住的腳拉回來。那時似乎有聽到房子崩裂的聲音，然後整輛車就被海水給吞食了。我記憶有些模糊，大概是被沖到三、四十公尺之外，到一處房子跟房子之間的停車場。幸好車子有停下來，因為前面是個懸崖。因為我沒繫安全帶，整個人被沖到車子外面。等海水稍微消退，我的頭才有辦法浮出水面。」

「車子沉下去了嗎？」

「嗯，我不曉得。但我人整個被沖倒，然後又碰撞到瓦礫。那時好像有抓住什麼東西。只記得自己像在洗衣機裡面，跟著水流翻來轉去。水來了，車門被關上了，根本不知道發生什麼事，之後的事完全不記得。

我在水裡浮浮沉沉，探頭一看，前面就是懸崖。我一看到有人，大聲呼喊『救我，救我』，然後聽到上面有人說『等一下』。在水裡待了幾分鐘，聽他們說『有辦法到懸崖這裡嗎』，我拚了命地抓住旁邊的車子跟瓦礫，好不容易游到懸崖附近。終於得救了。

大雪中，救我的人揹著我走到市民活動中心，我腳非常痛，應該是骨折了。這則報導所寫的，就是避難所附近的骨科醫生來幫我做緊急處理。因為氣仙沼的醫院無法進行治療，一直到受傷後的第三天，才有救難直升機把我送到仙台的醫院。」

「能夠獲救真是太好了。」

「只是運氣好而已，那麼冷的天氣，要是身體不強健的話，根本撐不下去。那時下著雪，所以被拉到安全地方之後，也因為太冷而不停打顫。我被送到市民活動中心之後，衣服跟內衣褲都用剪刀剪開，真的冷得要命，只能用厚毯子裹住身體。車子剛好停在兩棟房子之間，在那麼低的氣溫下還能活下來，只能說這一切都是奇蹟。」

佳代子女士平靜訴說著那些驚險經歷，感覺頗像沖繩糸滿的女性。

我提出自己一直很在意的問題：「那妳丈夫的狀況如何？」

「我在仙台醫院住了四十幾天，不知道他發生了什麼事，聽說孩子們發瘋似地到處找。地震後，大概過了四十天，在河邊發現他的屍體。

發現我丈夫的人說，應該是跟工廠的屋樑一起被沖走。他右手不能動，光是抓住屋樑應該就很吃力吧。還好，被發現時身體沒有任何外傷，穿著衣服跟工作靴，是從口袋裡的駕照知道他的身分。」

「過世的只有妳先生嗎？」

「不是，我婆婆也過世了。她住在老人照護中心，那裡剛好就在河的前面，所以有不少人也被海嘯沖走。婆婆本來已經被救出來，但送到避難所後卻因為失溫而去世了。同一個照護中心大概死了五十幾人。婆婆她丈夫死於戰爭，之後獨自撫養兒子長大。可能正因如此，婆婆怕自己走太寂寞了，才帶我丈夫一起走。她表面上看起來是很會照顧人的長輩，其實卻相當怕寂寞。」

佳代子女士是在地震後的第二年遇到奇妙的事。那一天相當冷，佳代子在地震前原本睡在二樓有露台的臥房，但自從嚴先生過世之後，就搬到陽光比較充足的一樓，就是在那個房間遇到奇妙的事。

「我丈夫出身大船渡，那一天我剛好去大船渡的寺廟祭拜，記得回家之後，因為很冷所以打開暖爐。我直到現在還是搞不清楚，那到底是夢境或者他的靈魂。我

後來躺在被窩裡，時間確定是在晚上，啊，時鐘正巧指著一點鐘。我睜開眼睛，看到一身白的丈夫飄過來，

他對我說：『我很擔心妳，所以過來看看。』

臉不是很清楚，但從身形來看應該是他沒錯，聲音也是。就只說了一句話，沒辦法確認是誰，但不太可能是別人穿著那種衣服吧。我想走過去抱他，他卻突然從門那裡消失了，彷彿輕飄飄的氣球，離去就像一陣風那樣，來無影去無蹤。丈夫雖然常在夢裡出現，但我覺得那次不是夢。

你說為什麼不開口叫他？我當時太過驚訝，沒反應過來要跟他說話，像是喉嚨被勒住似的，發不出聲音。」

「只出現一次嗎？」

「大概在一個星期之後，有天我把床墊鋪在靠窗的地板上，等我躺平要準備睡覺，丈夫突然出現站在枕頭旁邊。這時候只有我一個人，但我全身像是被綁住，根本無法動彈，所以沒看到他穿什麼衣服，也沒辦法跟他說話，但我很確定是我丈夫。

我告訴兒子這些事情，他卻說『媽媽老是待在家，才會亂想』。但我覺得丈夫

是因為突然離開我，所以還有所留戀。」
「妳對丈夫也有所留戀吧。」我說，她微笑了。
「我丈夫說話很毒，但其實很親切的，特別是對女生。」說完她又笑了。
「我結婚那時跟現在不同。有北洋船行駛，景氣相當好。他那時也有上船，但因為手受傷就離開了，之後陸續做過許多工作，賣過酒，流行便當的時候也賣過便當。還做過『航海零售商』，就是販售船隻航行時所需的工具、雜貨與飲食等，另外也有做『個人備貨』，就是販售個人使用的雨衣、襪子及食物等。氣仙沼當時有許多船隻停泊。
後來進港的船少了，所以他五十歲就開始做水產加工。氣仙沼有家名為『川村』的大型水產加工廠，那裡的老闆跟我丈夫是好友，他就開始做『川村』的下游廠商，專門負責那些放進7-11三角飯糰裡的鮭魚。雖然我丈夫說話很毒，而且也沒讀過什麼書，頭腦卻轉得很快，而且很會交朋友。他常常找人來家裡，只要出門一定會喝到很晚。不過通常還是會把朋友叫到家裡來啦，如果我抱怨『今天有人來喔』，他就會說『妳別忙，我來準備』，開始處理從公司拿回來的魚。

他這個人很固執，而且又是獨生子，他很小的時候父親就過世了，應該很寂寞吧。因為嘴巴很壞，剛認識的人可能會覺得他難相處，但只要成為朋友，就會發現他其實很照顧人。」

在當地報紙有兩個「作業中的漁業無線電」的版面，其中記錄了所有進出氣仙沼港船隻的漁業無線電頻率。但根據佳代子女士的說法，報紙在二十多年前全被船隻的無線電頻率填滿，可見當時港口熱鬧的盛況。

不知是現實或夢境的經歷只有她前述的兩次，不過佳代子女士之後也常夢見丈夫。我問她：「很清楚是在做夢嗎。」

「沒錯，差不多在兩個月之前也有夢到。就突然出現，我問他『老公，你到哪裡去了』，他回我『嗯……因為生意失敗』，我想應該是生意失敗所以躲起來的意思，但又是什麼生意呢？

我先生原本會開車，之後右手受傷，神經斷了沒辦法動，可是在夢裡他的右手又能活動。我問他『手可以動了？』，他回我『對啊，治好了』。到了那個世界，手就會痊癒。我想他應該想回到年輕時的健康狀態。

我也做過這種夢。以前我會把一公升的鐵罐切開，然後在上面放鍋子煮飯，但我丈夫在夢裡大聲喊『飯煮好了喔——』，說完這句話後就消失了，我在夢裡往窗外看，庭院放了兩個鐵罐，一個煮著豌豆飯，另一個則煮著配菜，看起來很好吃的樣子，可是卻沒看到老公。所以醒來之後，我就去買豌豆來煮豌豆飯，感覺就像跟老公面對面坐著一起吃。」

夢境應該是連結佳代子女士往昔與今日的隧道吧。她透過這條隧道來去自如，嚴先生有時也會通過隧道而來。但現在，或許是兒子們繼承父業讓嚴先生放心，而且佳代子女士也逐漸習慣了生活，所以這條隧道開始變得模糊。

地震後第五年，水產加工廠重建完成。有些人等不了氣仙沼從震災中重建就先離開，導致人手嚴重不足，因此佳代子女士每個星期都必須到工廠幫忙。

「習慣一個人的生活之後，他就很少出現在我夢裡，有點寂寞呢。不過工廠重新開始經營，兒子順利繼承父業，他應該很放心吧，但我還是忘不了他。我丈夫每天都很早起來，會先到工廠交代員工做事，再回來吃早餐。如果在冬天，他進門時都會叫『好冷，好冷喔』。所以現在一聽到有開門聲，我都會以為是他。像這個時候，我就會想起他，也想著他被海嘯沖走時究竟是什麼感覺呢？」

赤坂佳代子女士和丈夫嚴先生（右側）

8 手機另一端的二哥

吉田加代的經歷

我從氣仙沼前往陸前高田市。沿廣田灣行駛國道四十五號線，往北走約三十分鐘就可抵達市中心，每次來這裡都有不同的感覺。

氣仙川這條二級河川，先是流過陸前高田市之後再注入廣田灣。要從南邊開車前往市中心，需要沿著廣田灣，右轉越過氣仙川。我最初經過這條路時相當驚訝，因為巨大堤防擋住了右手邊原本能見的海岸。隔了一陣子我再次經過，看見一條巨大輸送帶如迴廊般橫跨天空，那是為了搬運砂石來填補被海嘯淹沒的土地。但這一天，那條輸送帶消失了，看來填土造地的工程已接近尾聲。總有一天，這個城鎮的土地會填高到五層樓高。我行駛在兩旁都是土堆的道路之間，像是開在鍋底一樣。

上一次的旅行，聽到不少關於行動電話的奇妙經歷，比如：遞交死亡證明時接到去世的哥哥傳來「謝謝你」的簡訊；餘震讓家裡變得十分凌亂，而在黑暗中不知所措的時候，羅難丈夫的行動電話卻突然亮了。這些故事都發生在陸前高田市。接下來約我見面的吉田加代女士（60）遇到的事情也和行動電話有關。

她不可思議的經歷，不方便在人多的地方談。但在遭到海嘯侵襲、被摧殘得體無完膚的陸前高田市，很難找到能暢所欲言的地方。所以我拜託縣立高田醫院的前院長石木幹人先生，向他借了臨時住宅的集會場所。加代女士也是石木醫生的病人，所以他二話不說答應了。

現在的陸前高田，街道變得完全不一樣，租賃車的導航系統完全沒用。我好不容易抵達臨時住宅，卻早已過了約定時間，加代女士就坐在集會所前面的台階上等我。

「在海嘯後的前一、兩年，我實在很難講出這些話。」

加代女士到現在似乎還很猶豫，是否該把這些體驗說出口，又或者是不知道該不該對我說。

「我身邊的人，有些也是要經過三年，或到第四年才敢說出來。就算有那個勇氣，也會害怕被說成是『自己捏造的』而心生猶豫。沒有經歷過的人不可能會了解。

因為這樣我才一直放在心裡，但心裡卻很不舒坦。說出來可能會舒服點，所以才會打電話給你，千萬別以為這些是胡說八道。」

我大概在一個星期前，告訴當地《東海新報》的記者，目前我正在震災地採訪有奇妙經歷的人，加代女士看見這則報導後，透過報社跟我聯絡。我當然不認為她會捏造故事，從加代女士說話的語氣可以知道，她決不是那種會說謊唬人的人。

「地震發生前一年的十月，我做了一個可怕的夢。早上我搭著小巴，巴士行駛著，窗外全都是死人。他們雖然不是全身赤裸，但全身慘白。我覺得很害怕卻說不出話來。是不是認識的人？也不是。在奧斯威辛集中營的照片，地上也躺了很多屍體吧，就像是那樣。接著小巴開入深山，車停下後，我看到了湖泊，那裡也躺了許多男男女女的屍體。因為是我熟悉的地方，所以很納悶為什麼這個地方會有屍體，這時夢就醒了。

我祖父管理了一座山，我們秋天會去山裡採摘松茸，地震前一年的採收量是往年的三倍，近二十幾年來，這麼豐盛的收穫可是第一次。不是據說災難發生前會捕到很多魚嗎，山林好像也是如此。出現在夢裡的就是採收了很多松茸的地方，我覺得毛毛的所以告訴丈夫，結果他說『妳是不是連採幾天的松茸所以太累了』。我當時也那麼認為，不過在地震帶來的混亂趨於穩定之後，我開始認為那場夢就算不是印證了現實，也是在預告地震的發生。成千上萬的死者，實在很恐怖。

啊，今天要講的不是這件事。話題扯遠了。」

加代女士拿起寶特瓶裝的茶喝了一口。有人開門看了我們一眼，交談了幾句後就離開了，應該是她認識的人。

「我住在氣仙町。過了氣仙川，經過『奇蹟的一本松』[16]後有間加油站，我家就在那附近。」

發生地震前，可以從氣仙川河口看見氣仙大橋，過橋之後，右手邊是一片茂密的松林。現在只剩下「奇蹟的一本松」，而氣仙町就在那附近。

「地震發生那一天，我人在離家五分鐘車程的海岸附近。我過去從事水產業，

16 原本陸前高田的海岸線有多達七萬棵樹木，海嘯後卻只有一棵存活，這棵樹被稱為「奇蹟的一本松」，是當地人心中希望的象徵。

當時要轉換跑道。那天剛好在新的工作地點，在氣仙川河口附近，前面就可看到海岸。後面是高聳的堤防，住宅跟公司就在堤防後面。我把車子停在外面馬路，然後從水門進入堤防內，在新公司接受職前訓練。突然天搖地動，我心想『完蛋了』，因為搖晃時間相當久。

我覺得應該會有海嘯，必須趕快離開岸邊。那時海岸堤防已經開始裂開。旁邊大叔喊叫『海嘯要來了，快逃』。我也認為一定會有海嘯，所以急忙開車回家。我家在小山丘上，專門種植原木蕈類，之前家人們就已經說好，如果發生地震就全逃到蕈菇乾燥廠。回家後，我要祖母『趕快逃』，但她卻說『我不打算走，鎮裡有守護神，所以沒問題的』，再怎麼勸她都沒有用。

『那我先走了！』

我說完便前往小山丘。女兒打電話給我，要我去接奶奶，於是我又回到鎮裡。這次我警告她『有三公尺高的海嘯會來，趕快逃』，她終於答應。我載著奶奶開車去山丘，看到老公在那，沒過多久海嘯就來了。氣仙川河水高漲，巨大海嘯打在氣仙大橋上，我眼看狀況不妙，又開車逃到更高的地方。

避難所安排在氣仙小學或是龍泉寺，但要是海嘯來了，那裡也不會太安全，於是我們決定不按照政府原本的計畫，改去蕈菇乾燥廠避難。如果逃到避難所可就慘了，水淹到氣仙小學校舍的三樓，有不少人都被沖走了。」

加代女士她們安全了，但與她們一家很熟的兩位夫兄卻被海嘯沖走。丈夫有兩個哥哥，他們各自開車逃難，卻都連人帶車被海嘯沖走，在車上發現他們的遺體。加代女士跟二哥比較熟，他的名字是伊東克夫，享年五十九歲。

「我丈夫家裡以前在做乾麵，後來做不下去，大哥就轉行送電報，克夫先生則是在黑貓負責文件包裹的配送。他們兩個人都開著車逃走，因為塞在路上才被沖走的，大概在三月二十日發現遺體。

公婆在地震前幾年過世，大兄嫂也在兩三年前死於地震，他們沒有與孩子同住，只有兄弟兩個人住在一起。

克夫二哥個性很好，住院陪伴、照顧父母都是他。他如果有好吃的魚就會送我們，也會買我家的松茸送給朋友，自己則是會煮好吃的松茸飯請我們吃。沒有結婚也沒小孩，我家小孩讀幼稚園的時候，只要下雨天他就會去學校接送，孩子們都叫他『克叔叔』，感情就像朋友一樣。

發現遺體後的兩個月，也就是五月二十日，啊，正好跟發現遺體那天一樣是二十日。那時我們還住在親戚家的倉庫，但工作已慢慢恢復正常，一切安頓下來。記得那天是平日，我突然很想念平時照顧我們的二哥，就隨手撥了他的電話。

鈴聲響了幾聲後，有人接了電話。

『喂，喂……喂？』

有聲音傳來，還回答了三次。

『咦！』

那聲音跟克夫二哥一模一樣，應該就是他。我不是亂說。我自己亂撥電話卻這麼驚訝，可是我真的嚇一大跳，根本無法相信，後來因為很害怕所以馬上掛掉了。

那是誰？為什麼二哥會接電話呢？

我實在太震驚。過了一下子，大概幾秒鐘之後，克夫二哥的手機回電了。手機螢幕顯示『伊東克夫』（已儲存為聯絡人），我背脊發涼，當然不敢接。鈴聲結束後，我馬上把二哥的電話號碼刪除。

當天晚上，丈夫回家之後我跟他說了這件事，他說『那我也來打打看』並打了電話，但沒打通。那時候克夫二哥的電話雖然還沒解約，但應該是打不通。是在地震後第十天發現遺體，我有找到大哥的手機卻沒發現克夫二哥的。就算有找到，浸泡海水十幾天，不可能堪用。然而，那時為何會接通呢？」

加代女士反問我：「你也覺得很奇怪吧？但我沒騙你，這是真的。」她看起來十分確定。

加代女士的家被海嘯沖走了，我到她原本的住處一看，只看見地基而已。房子外面有隨意擺放的玻璃花瓶，它們因為夾在自來水管下所以沒被沖走。她喃喃說道：「照理說應該會被沖走或碎掉的，現在竟成了我們家唯一留下的東西。冥冥之中有股神奇的力量。」

在災區，這種故事少有人會相信。還有更多會被慢慢遺忘的奇妙經歷，加代女士告訴我這些事，或許是一種緣分。生者若是無法說出口，就難以延續與死者之間的故事，最後也會消失在這世上。

9 其實真的很害怕

阿部由紀的經歷

從氣仙川再往下走有一座高一百二十五公尺的小山，它昔日的名字是愛宕山。之所以說是「昔日」，是因為這座山已成為填土的材料，現在變成了一座小丘。

當地中學的校歌是如此形容愛宕山的。

愛宕的山腳是鳴瀨的太平洋，
以浦松原為庭院，建蓋而成的氣仙中學。

浦松原是以「奇蹟的一本松」聞名的高田松原，而鳴瀨是氣仙川的古名。對當地人來說，兩處都是相當重要的存在。現在松原被海嘯給沖毀，愛宕山也被人剷平，與此處居民共存的象徵都消失了，那重建到底有何意義？對此甚感疑惑的我，與阿部由紀女士（33）相約見面。

地震是三月十一日，那天由紀女士人在東京。她小時候，因為父親到外地工作，所以一整年有大半時間都住在宿舍。由紀女士有兩個哥哥，都在陸前高田玩樂團。兄弟倆都很喜歡音樂，哥哥高中畢業後，覺得如果要玩樂團就應該到東京，於是離開家鄉，而由紀女士也跟著哥哥們去東京。兄妹三人為了要照顧父親，搬到靠近父親住處的公寓。她邊打工邊在東京追求自己的夢想。

地震發生在她到東京後的第五年。

「我那時也沒感冒，但就覺得身體很不舒服，頭很暈，連站都沒辦法。頭痛得像要炸開似的，雖然不想去上班，但還是吃了止痛藥勉強出門。然後就發生地震了。一聽到有人說三陸地區發生地震，我整個人都清醒過來，立即打電話給母親，但沒有人接。後來我才知道，母親那時在海岸邊的縫紉工廠工作，在所長指揮下，員工們都迅速跑到高地的寺廟避難，所以她安全獲救。

那一天，我變成了無家可歸的難民，回去的話，只能住在市中心的避難所。無法跟母親取得聯繫，也因為簡訊傳不出去而感到不安，隔天十二日聽說電車可以通車。哥哥們接獲地震訊息後立刻趕到父親的公寓，已經在那了。我到父親公寓之後，才從電視清楚知道家鄉遭遇到莫大災難。雖然四個人聚在一起卻什麼也做不了，總之知道彼此平安就足夠了。但老家就在海岸線旁，母親跟奶奶的狀況如何，是一點消息都沒有，我們非常擔心。那時天氣十分寒冷，所以我晚上就回去自己的公寓。」

看見奇妙的畫面，是在由紀女士回到住處、稍微休息之後的事。

「我實在是太累，回家後就趟在床上休息，但我並沒有睡著。朦朦朧朧的，心裡想著：『外婆應該沒事吧？』

忽然間，我看見了外婆。不是像動畫那樣，而是跟走馬燈一樣，臉很清晰，而且畫面是彩色的。我也有做過夢，但卻是第一次感到如此真實。沒有聲音卻可以清楚看見，我因為太過驚訝整個人僵住，無法動彈。

陸前高田有一間名叫『MAIYA』的賣場，外婆神色驚慌地逃到那裡。但拄著拐杖實在跑不快。之後畫面切換，外婆坐在椅子上，跟其他的人一起坐著，原本不知道那是哪裡，過沒多久我才知道那是車內。

剛開始我心想『這是什麼』，很難相信自己見到外婆。

我才剛覺得外婆過得很好，但影像在那個瞬間又切換了。這次她浮在水面上，水裡浮著氣泡。應該是不會有聲音的，卻能聽見冒泡的聲音。那一刻我無法呼吸，手開始顫抖。

然後畫面忽然消失，出現在我眼前的是外婆。臉龐黝黑，嘴巴緊閉，眼睛也閉著，這片影像十分鮮明。外婆沒說任何話，卻不斷浮現驚恐的表情。我久久無法忘記這個畫面，只要閉上眼睛就會想起。外婆一定是被海嘯沖走了，再也見不到她了，想到這裡我眼淚不由自主地流下。

我也注意到外婆出現的地方，是陸前高田一間叫『醉仙』的釀酒工廠，記得那個畫面裡有「醉仙」兩個字，印象深刻。我不是用耳朵，而是在腦袋裡聽到的。為什麼會出現醉仙，外婆跟醉仙應該沒什麼關係呀，但之後，聽說就是在我看到的地方附近找到外婆，或許那是她傳遞給我的訊息吧！

我見到景象的瞬間，像是全身血液被抽乾，也像浸泡在冰冷海水中。因為太冷身體有些麻痺，想洗澡暖暖身，卻依舊無法動彈。」

由紀女士把這件事告訴了父親，結果被罵說「別說這些不吉利的話」。二哥也說「外婆那麼好，不可能讓孫女看見那麼可怕的情景」。

三月十九日，由紀女士的外婆在她做夢時看見的「醉仙釀酒工廠」附近被找到了，那時手機沒辦法使用，無法確認外婆是不是被海嘯沖走的，父親與兄長都相當苦惱。之後，由紀女士才夢到外婆被海嘯沖走。

「那天，外公本來要陪外婆去陸前高田醫院的，但因為突然有事，外婆就自己去了。知道外婆當時狀況的人告訴我們，外婆去醫院之後，就去MAIYA買東西，正要搭公車回家時發生地震。

她不知道該怎麼辦，先拄著拐杖往市民活動中心的公園逃，這時她剛好遇到認識的人，所以才會搭上對方的車。如果再快一點是逃得了，不過他們在開始上坡的地方被沖走。」

為什麼外婆沒有去找兩位哥哥，而是找由紀女士呢？

「我老家就在海邊，祖父是船上的輪機長，而父親過去曾做過漁夫。或許因為是地緣關係，親戚們個性都很豪爽，尤其是我們家，個性更是急躁。

叔伯們聚在一起時，可能會因為雞毛蒜皮的小事而動怒，甚至是大吵一架。你問是什麼樣的小事？那種事應該沒有人在乎！

小時候，我會哭著大喊『不要再吵了』。他們會說『算了算了，由紀在哭了』然後停止爭吵。當然如果吵得很兇，那就不是我哭一哭能阻止的。你可能無法想像吧！

我的家庭相當複雜，有什麼爭執發生的話，通常都是母親居中協調，最後還是會圓滿收場的。沒有母親的話，這個家很可能會四分五裂。

其實只要習慣就好了，但還是會在小孩子的心靈留下不好的回憶。我就是在這種環境下成長的，嗯……這跟一般家庭不太一樣吧？」

由紀女士的家靠海，而外婆家則是靠山，平時務農維生。農夫與漁夫的生活習慣南轅北轍，外婆家自然與由紀女士家完全相反。

「外婆很溫柔，家裡總讓人溫暖，跟我家不一樣。從打開玄關的那一刻，就能感受到溫暖。只要我們一到，外婆會把我們當成自己的小孩那樣緊緊抱住，拿好吃的東西給我們，也不會囉嗦，更不會說別人的壞話。她總是優雅大方，面帶微笑，碰見有不好的事情，她會用『不會有問題的』來給我們鼓勵。因為有她，我才能夠繼續努力。我好愛外婆。所以我們這群小孩比母親更期待能夠回外婆家，因為可以看到外婆跟叔伯們。但外婆家有點遠，不是我們小孩子走路就能到的，所以我們特別期待放寒暑假。

或許因為我們是她的孫子女，所以她才開心地歡迎我們。只要回外婆家我就覺得很放鬆、很快樂，在那裡，我明白所謂的家庭應該就是如此。外婆宛如我另一個母親。

外婆家是以務農維生，不但種菜也有養牛。他們不是養肉牛來販售，而是以販售小牛為主。另外也蓋了溫室種植草莓，我們如果春天去拜訪，她會摘好很多草莓等著，整個家裡都是濃濃的草莓甜香。

『由紀，很香對不對！』

我到現在還記得外婆端草莓給我們吃的模樣。遇到煩人的事就想逃進外婆的懷裡，不須多加解釋，她就能懂。我下定決心到東京追求夢想時，她雖然擔心我的身體，卻也給予很大的支持，希望我能找到幸福。」

最後一次見到她，是在地震發生的那年的過年。

「準備離開外婆家的時候，我握著她的手說『外婆，妳要照顧好自己』，但她卻緊緊抓住我的手不放。我心裡有點不好受，或許她內心害怕和不安。我跟母親說，希望一切平安。回到東京之後，我還是很掛念外婆，而那就是見她的最後一面。」

由紀女士夢到最愛的外婆過世，到現在仍然不解為何會做這樣的夢。就這樣，外婆的做七法會結束了。過了一陣子，她的外婆彷彿要傳遞什麼訊息，又再次出現了。

「重要的人突然過世，一定會不平衡，情緒也會失落。雖然知道外婆已死於海嘯，但我還是很難接受這個事實。因為沒有陪在她身邊，根本沒辦法救她，希望時光能倒轉，讓我有機會救外婆，這種不切實際的想法不斷浮現在腦海。知道自己什麼忙都幫不上，這份無力感更讓人難過。

做七順利結束，但因為心情尚未平復，我在東京的生活變得十分痛苦，於是六月時回到陸前高田。

夏天即將來臨，要進入七月份時發生那件事。某天天色漸黑，我偶然在YouTube上看見外婆避難的那個地方，於是叫母親過來看。

『外婆是去哪裡呢？』

『在MAIYA附近。』

聊完之後，我回到自己房間稍微休息。就在此時，感覺有什麼東西從天而降，是外婆跪坐在我的枕邊。

她穿著正式的長袖洋裝。我嚇了一跳，心裡問：『外婆，妳怎麼了？』

外婆看著我，流著淚說：『真的好可怕。』

『啊！』

第一次聽到外婆說這種話。外婆一直都很有氣質、很能忍耐，也不會埋怨，就算發生問題也只會說『沒關係，別擔心』的人。外婆如此堅強卻說『好可怕』，讓我不禁有點驚訝。

『雖然不想讓大家擔心，但我真的很害怕，想說由紀應該會懂所以才告訴妳的。對不起，讓由紀看見不好的景象。外婆沒問題的，不要擔心，幫我跟其他人說。』

『我不想讓大家擔心』這句話不知是外婆的口頭禪，抑或她原本的個性。因為讓我看到不好的景象，而且還讓我在三月十二日看見黝黑的臉，所以現在跟我道歉。我聽了都快哭出來。

『沒關係，外婆很害怕吧，謝謝妳來告訴我。』

聽到我這麼說，或許外婆放心了，回我『沒關係的』然後就消失了。依舊是那個溫柔的外婆，我一點都不害怕。我很安心地與她說了十五分鐘的話。」

外婆之後就沒再出現過，但由紀女士說，她到現在仍不覺得外婆已經離開世界。

「外婆過世當然會難過，但經歷過那次奇妙經歷，卻感覺似乎還與她有所聯繫。或許當時與外婆的靈魂產生共鳴，我才因此看見她。現在如果遇到難受的事或心情沮喪時，感覺她就會出現告訴我『一切都會沒事的』。」

過去，東北地區有稱為「OGAMISAMA」的巫女與通靈者，現今卻幾乎看不到了。在東日本大地震之後，有一些看得見靈體的女性自稱是「OGAMISAMA」巫女。另外，在靠近陸前高田沿海地區的聚落，聽說也出現了這樣的女性。這種靈媒傳統上本該是盲眼的，但這些女性卻是普通人。

由紀女士表示自己「對這些無形心存感念」，說不定也具備靈媒的特質。我在與她的談話間，突然萌生如此感覺。由紀女士的願望是「做一份能讓周遭的人更有活力、充滿歡笑的工作」，但我不確定靈媒是否就是這種工作。

10 三歲的孫子說「想吃草莓」

千葉美代子的經歷

我租車行駛在國道四十五號線，一路往南。從地圖上看，這裡屬於沉降海岸，幾乎看不到海岸線。砂石車的排氣管發出轟隆隆聲，一輛輛從旁邊疾駛而過，我根本沒閒暇欣賞大海。

這次目的地是南三陸町。這個地名聽起來很普通，它是在二〇〇五年由志津川町和歌津町合併而成的一個城鎮，為避免雙方爭議，所以取了一個跟原本名稱毫無關聯的新名字。地震之前，這個城鎮的人口有一萬七千多人，但東日本大地震的罹難者有六百二十名，失蹤者則是二百十二名——共計八百三十二名受害者。以傷亡比例來看，繼女川町是宮城縣內災情第二嚴重的城鎮。

地震發生後，日本天皇、皇后在四月二十七日前往南三陸町慰問。整個城鎮被瓦礫覆蓋，彷彿拒絕所有來者，連走路都十分危險，但天皇、皇后從位在高地的小學廣場，面向街道默默行禮，之後並前往國中體育館的避難所慰問。

雖然已經到了四月，受災地仍是冬天，從腳底就能感受寒冷。千葉美代子（69）是兩百多名的避難者的其中一位。

地板只鋪了一張塑膠布，絲毫擋不住寒氣。天皇、皇后走入群眾，一一聆聽避難者的心聲。此時，千葉女士、丈夫、住仙台的長女還有三女葉緒小姐一起迎接天皇。二女兒則因為狀態依舊混亂，所以無法參加。

天皇坐到千葉女士的前方，看見她放在眼前的三張照片。

陛下看到的是，千葉女士孫女小由的成長記錄。小由的母親是三女兒菜緒女士，而她的丈夫洋先生、公婆以及三歲三個月大的小由都被海嘯帶走了，只留下菜緒女士。已經找到公婆和丈夫的遺體，但還沒發現小由。

「妳的孫女真是可愛。」

陛下靜靜地跟千葉女士說話。但因為太緊張了，她不知道該回答什麼。她非常感謝陛下能親自到這裡，面對面跟她說話。千葉女士從嘴巴勉強擠出「還沒有找到她」。

陛下聽見這句話之後，又再看了照片，就這樣待在原地。雖然隨行人員不停表示「時間差不多了」，陛下還是沒打算離開。

「身體還好吧？」

「還可以。」

「重建會很辛苦，請保重身體。祈禱能夠找到妳的孫女。」

千葉女士聽到陛下的鼓勵，不禁流下眼淚，對著照片中的小由緩緩地說：「能夠見到陛下真是太好了，相信妳還活著。」接著低頭向陛下致謝。

皇后已完成巡視，但天皇卻似乎受了什麼吸引，又停在原處不動。

千葉女士回想起當天情形，直到現在還是會感動落淚。

「陛下如果沒有跟我說話，說不定我已經不在了。陛下來之前，根本沒有人理我們。可能是因為我家死了四個人，不曉得該怎麼安慰我們，其實就算陛下不開口說話，只要抱緊我們就夠了。即使是住在同一地區的鄰居，看見我們就轉頭離開。我們又沒有做錯事，卻沒有人願意跟我們說話。避難所十分狹窄，必須蜷曲著身體吃飯。女兒說『死了還比較乾脆』，這句話讓我很痛心。

在陛下關心我們之後，人生宛如大翻轉，有許多人開始來關心我們。那之前簡直像地獄，深刻體會到活著是一件痛苦的事。多虧陛下跟我們說話，讓家人們願意再次敞開心房。」

我來到千葉女士所居住的臨時住宅客廳，才四個人就顯得擁擠。我坐在客廳中央的小台階上，小由的遺照放在與視線同高的位置。牌位放在女兒家，這裡只有照片而已，也就是假的佛壇。雖然如此，把遺照放在這麼低的位置有點奇怪。我詢問千葉女士，她說想跟孫女一起吃飯，所以才特地買了一張矮凳。

她說「今天是開放捕捉海膽的日子」接著端出一盤海膽跟白飯。這是她一大早跟丈夫去捕撈的。小小房間散發出海洋的味道，感覺很棒。我上一次拜訪時是開放捕撈鮑魚的日子，這次則是海膽，簡直像在迎接我這個貪吃鬼。小由也在旁邊，露出調皮的笑容。

「我有三個女兒，長女跟二女兒都沒有結婚。我會這麼傷心難過，是因為海嘯沖走的是我唯一的孫女。」

千葉女士這句話震撼了我。對千葉女士來說，失去唯一的孫女，等於是關上了未來的希望之道。

「長女住在仙台所以平安無事，但二女兒卻很慘。因為是殘障人士所以在社福作業中心工作，地震發生後，那裡會先幫行動不便的人避難，而能夠行動的人，包括二女兒在內，有三個人留下來幫忙。海嘯襲擊下，另外兩個人被海水沖走，只剩我女兒在水面跟天花板之間，大概只有二十公分高的空間裡漂浮著。她獲救時因為全身瘀青，完全看不出原本的面貌。」

作業中心等社福設施集中在「福祉里」這個地方。那裡原本是一間國中，距離海岸一點一公里，海拔也有十三公尺，所以職員們才會缺乏警覺。

千葉女士給我的名片上，印有「大手牽小手協會（有殘障兒女的父母親組成的會）會長」。一般幼兒園無法照顧有身心障礙的孩子，而南三陸町並沒有身心障礙兒童專門的幼兒園，所以那些母親必須自己在家照顧，無法在外就業。千葉女士抱持著「創造一個健全者與身障者都能愉快生活的場所」，在地震後，以各方捐款為基金，設立「彩虹葉俱樂部」專門照顧身障兒童。

「我的三女兒，也就是小由的媽媽，在南三陸町從事美容保養的工作。那一天，她把孫女託給女婿的父母親照顧，然後去氣仙沼工作。地震發生時，小由的祖父因為腰才剛動過手術，行動不方便，所以放棄逃走。小由和祖母本來已經逃走了，後來因為擔心祖父而折返，所以才被沖走的。祖父的遺體在十天後被發現，他似乎拚命想抓住木頭。隔一天，奶奶也被發現了，雙臂像是環抱著什麼似的，看來是逃跑時抱著孫女。

我女婿在市政廳工作，那天人在防災大樓。因為申報期限快要到了，很多民眾擠在那辦申報手續，他似乎是為了疏散那些民眾才被海嘯沖走。後來聽別人說，海嘯都已經要到了，還有老人家跑到市政廳，女婿則揹著老人家上屋頂避難。他本來過再幾天就要調去仙台，而且，他也打算趁著空閒去仙台簽房子租約，地震隔天就是星期六，如果能先請一天假提前去辦就好了。地震後四十三天，才在海灣底部找到女婿。發現的人從他口袋裡的手機得知身分，若是被沖到海灣之外，可能就永遠找不到了。現在只剩孫女還沒找到。」

千葉女士的二女兒雖然獲救，卻因為壓力過大而開始掉髮。她會從早到晚揮動手腳有如游泳般，並全身痙攣，讓旁人很緊張。晚上她可能是在做夢，會突然發出奇怪的叫聲，這讓一家人在避難所的生活變得十分為難。讓她住在臨時住宅應該行不通，所以千葉女士想交託給娘家，但他們說沒有多餘精力可以照顧。地震後一年，終於有地方願意收容。

二女兒目前的狀況已趨於穩定，開始在社福工作坊做事。她會把發放的點心帶回家，放在小由的遺照前供奉。

小由的母親問題比較大，雖然就住在千葉女士隔壁的臨時住宅，卻老是將門反鎖，不讓任何人進去——甚至是母親千葉女士。

「她一直到地震那年十月，幾乎每一天都去找小由，但清理瓦礫之後還是找不到。她可能太失望，就辭去工作把自己關在家裡。我看她家裡都沒開燈，因為擔心所以會過去看看。如果早上窗簾沒拉開我就會去敲門，沒人應門會擔心。常常做好飯菜送過去，她卻不想吃，搞得我從早到晚每天都很緊張，連做夢的時間都沒有。二女兒雖然住在隔壁，卻一次也沒去給小由上香。

她那時沮喪地說：『早知道這麼難過，那不如大家一起死。』

我聽到這句話非常心痛。我住的臨時住宅裡，也有人就這樣孤獨死去，我很擔心她也會這樣。多虧她這樣一蹶不振，我也因為壓力太大昏倒，被救護車送進醫院好幾次。這種狀況大概持續了兩年半。

雖然臨時住宅的人都是受災戶，但每個人的情況都不同。有人從新開始，而我們卻變得討厭交際，也不喜歡笑，出了門也是很快就回家，躲在家裡看一整天電視。地震後第三年，我們才稍微振作起來。剛開始，宮城縣政府邀我去神戶演講。去了幾次之後，或許是我把壓在胸口的鬱悶宣洩出來，所以想開了。我接受聯合國邀請到仙台演講之後，主辦單位希望我也去紐約演講，可是我無法丟下有障礙的二女兒不管，自己跑去國外。我把這件事告訴三女兒菜緒，她問我可不可以換她去。那時我想，失去眾多親人的她應該比我更適合，於是答應了她。

我並沒有問她在紐約演講的內容。不過在那之後，她似乎變得比較輕鬆。也從那時開始，她會跟一些丈夫同樣死於防災廳的太太們一起去泡溫泉。原本我煮飯她不想吃，但現在會來跟我一起吃。她似乎在與人相處的過程中慢慢恢復了。二〇一四年夏天，她搬到小由經常去玩的仙台機場附近。

菜緒的美容保養工作是要到客戶家拜訪的。地震那年直到十月，她都很認真工作，但有些人會講閒話，說家裡的其他人都死了，應該可以拿到不少撫慰金跟遺產。可是土地跟房子都是祖父的，我女兒根本不會得到好處。她可能無法承受他人眼光，所以才想離開這裡，去沒人知道她過去的地方工作。我沒有反對她這個決定。」

千葉女士一鼓作氣說完，彷彿放下心中了重擔，表情逐漸柔和。她喝了一口茶，說她大概從那時開始會做一些奇妙的夢。

「之前因為擔心女兒，早晚都睡不好，那段時間幾乎沒做夢。她搬家之後，我可能因為比較心安，漸漸睡得比較好，也就開始會夢到孫女。」

剛開始夢見小由哭泣著在深山裡迷路，或一睡著就夢到她快要哭出來的臉，大部分都不太開心，後來慢慢也有夢到小由的笑容。只要忌日將近，千葉女士就會夢到孫女。

小由在秋天祭典上跳著舞的夢，或是突然從背後出現、讓她嚇一跳的夢，有些夢都與吃的東西有關。千葉女士有時候會跟三女兒，也就是菜緒在同一時間做相同的夢。

「小由從角落出現，說『想吃草莓』就消失了。我也有夢到帶她去買東西，她卻坐在路肩，然後吃完東西之後才願意進去店裡。在吃什麼呢……對了，我夢到小由說『想吃薯條餅乾』，所以打電話給仙台的女兒。

『昨天晚上她有來。』

『她說什麼？』

『說想吃薯條餅乾，我就去超商買回來了。』

『跟我夢到的一樣。』菜緒說。我之前也因為小由在夢裡說想吃鬆餅，所以做了鬆餅，菜緒也做過同樣的夢，在電話裡笑著對我說：『結果做太多了，不知道該

千葉女士的孫女小由

怎麼辦。』

孫女超愛吃東西，吃得又多。她愛吃的東西滿特別，像是那種有酥脆感的東西。零食的話，她喜歡薯條餅乾、脆餅乾那種有點硬的，不喜歡蛋糕那種軟綿綿的食物。在家的時候，我把小黃瓜洗乾淨，她直接啃著吃，花椰菜也不愛煮得軟軟的，而是保留些許口感當作點心吃。」

「啊，花椰菜當作點心？」

「對啊，我也不懂。所以在她照片前放了花椰菜跟小黃瓜。麻糬也是，烤得軟軟的不愛，喜歡直接吃硬的、沒有烤過的。夢裡一定出現硬的麻糬，後來只要夢中有食物出現，我就覺得應該是她想吃，所以隔天就會買回來，放在照片前面。」

在供奉的小黃瓜前面，小由像是在對我們眨眼。她的特殊才藝是在眼睫毛上放三條橡皮筋，她的眼睫毛就跟玩偶一樣。

「夢裡的小由是一樣高的嗎？」我問，千葉女士有點遺憾地回道：「一樣高。」

「我看不到孫女長大的樣子。如果她還活著，現在已經是小學三年級了。她在夢裡，會揹著喜歡的藍色書包，但模樣仍然停留在三歲。在夢裡不能長大嗎？」

「你們那時為了找她，有請靈媒幫忙嗎？」我大膽提出這個問題。

千葉女士立刻回答：「不是靈媒。因為好久都找不到，接著聽說（宮城縣）大崎市有年輕的占卜師算得很準，所以有去問。我去了一次，菜緒去了三次。但那個占卜師說，小由沒有被海水沖走，所以才找不到。然後又說孫女『肚子很餓』。在那之後，我們每天都會供奉三次的供品，但還是一直夢見孫女跟食物。」

「夢裡有跟她說話嗎？」

「這個嘛……夢裡就算她會叫『阿嬤』，但一叫完就馬上躲起來。只有一次我問『John在做什麼』，小由回『去當裁判』後就躲起來了。John就是小由的爸爸，因為讀了一本故事書給她聽，她就叫爸爸Jonh。那個繪本裡有一個名叫John的主角，長得很像我女婿。之後我也叫女婿John了。

她說『去當裁判』，應該是因為女婿週末時會去當少年球團的棒球、足球裁判，所以經常不在家。我在夢裡問說『今天也要去當裁判嗎』，女婿就從後面出現了。做完夢的早上，我放供品時跟小由這麼說，『不要調皮搗蛋，要跟爸爸一起吃喔』。」

那時千葉女士還不認為小由已經死了，所以買東西時，會買孫女喜歡的東西。菜緒也一樣，如果薯條餅乾出新的口味，也會買回來。

「但是她從來沒講過食物。

我曾經夢到去採櫻桃，她把櫻桃塞進嘴巴，連兩頰都鼓起來了，邊笑邊叫『阿嬤』，而我只是默默看著。夢裡大多是這種情景。

通常都是夢到她說『阿嬤』，然後馬上又躲起來的短夢。大部分都只出現一下子。因為她喜歡『阿嬤飯』才會常出現，有時候會聽她說『好想吃』。啊，『阿嬤飯』就是有味道的鹹飯。我打電話給三女兒，她說也夢了同樣的夢，我叮嚀她要記得供奉。

令人欣慰的是，小由現在不再哭喪著臉，而是像從前那樣伸出手指裝可愛的笑，或是惡作劇的淘氣笑容，她在夢裡總是調皮搗蛋，所以我很安心。她被海嘯沖走時一定有大聲叫『媽媽』，但卻從沒出現過這種夢。

女兒做的夢跟我一樣。我們兩人都因此得到救贖。如果夢到小由表情痛苦，那我們可能會活不下去。難過了三年，小由的笑容彷彿對我們訴說『別再難過了』。」

對千葉女士來說，現在令人最難過的就是秋天祭典。二〇〇二年，有小海豹出現在歌津，眾人幫牠取名為「小歌」，引起不小的話題，而受這個新聞影響，千葉女士他們自創了「阿波舞」的歌曲及舞蹈。地震發生的前一年，小由第一次參加祭典的舞蹈——不過要小孩跟著大人的舞步還是不容易，所以她跟我說「下次要再教我喔，阿嬤」。每一次秋天祭典，我都會想起跟她的約定。

小由的遺體還是沒被找到，所以代替骨灰，把秋天祭典的小法被[17]放進墳墓。他們曾聽別人說，可能是小由的身體太小，所以怪手清理瓦礫時被一起載走也不一定。聽到這裡，再怎麼堅強的千葉女士也會感到失落，但她想法一轉：「找不到可能是在哪裡過得好好的。」給自己希望。五年後，千葉女士慢慢接受小由已經死了的這件事。

「家人遺體還沒被找到的話，遺族當然會希望繼續搜尋，我們也不想放棄，但能堅持多久呢。活著的機率接近零。即使找到一小塊遺骨也好，這樣或許就能徹底放棄，結果什麼都沒有……我想，是應該要放棄了。」

每年將近三月十一日，千葉女士都會看到瓢蟲。

雖然到了三月，南三陸町的氣溫卻還是零度以下。受災區的三月仍然如冬日。正如災變那一天寒冷，春天才會有的瓢蟲居然出現了。

「我想變成瓢蟲。」

這是小由的夢想。所以那時出現瓢蟲，千葉女士跟菜緒都覺得牠是小由的化身而無比激動。

「海嘯發生後，我孫女失蹤，女兒則在寒冷的天氣裡四處尋找。有一天，突然飛來了一隻瓢蟲，停在菜緒的肩膀上。她問那隻瓢蟲『我女兒在哪裡？』，之後每逢三月就會有瓢蟲飛來。

今年也是，天氣雖然很冷，我開車拜訪女婿的同事家的時候——他同樣死於防災廳，從車窗外飛進一隻瓢蟲。我有如跟孫女重逢，開口問『又飛來看我囉』。我告訴女兒這件事，她非常開心地說『是小由去看阿嬤了』。」

17 祭典、廟會或抬神轎時，日本人穿的像和服卻不用綁腰帶的上衣。

聽千葉女士描述關於小由的故事，有時會搞不清楚究竟是現實或者夢境。因此我必須一再確認「是做夢嗎」。這時千葉女士會突然回過神，告訴我「是做夢沒錯」。

肉體不單是身軀，而是靈魂的容器。即便過世，只要還沒找到軀體，生者就不會覺得重要的人已經離去。千葉女士覺得小由並沒有死，而是繼續跟她們住在一起。我覺得，千葉女士目前迷失在兩個世界之間。

旅程接近尾聲，我注意到某些事。

當我採訪這些有奇妙經歷的人時，至少都會見三次面。其中一個原因，是因為很少人會對初次見面的我敞開胸懷，講出所有事情。另外，也因為人類這種動物本來就需要仰賴故事情節生存，所以我必須一再確認故事的發展順序。說故事的人把奇妙經歷告訴其他人的時候，可能會稍作修改，完成最後自己所認同的故事。實際上，大部分的人都稍微改變故事。例如阿部秀子女士描述她在樓梯上看到的「笑臉」時，第一次採訪她說「會是誰呢？從這麼高的地方露出臉來，真奇怪，心裡有點毛毛的」，但是在我們第三次見面，她對這段的描述卻是「馬上就知道是老公」。然而，這並不表示她亂說，兩種情形對當事人來講說都是真實的，產生變化自然是理所當然。

人類是依賴故事生存的動物，而每則故事都可能產生變化。

由於海嘯這個不可抗拒的因素，有些故事被迫突然中斷，而連接了兩個世界的奇妙經歷讓故事得以繼續。作為連結的奇妙故事，會隨著時間不斷修改，直到當事人自己也能接受。透過不斷修改故事，活著的人才能與逝者重啟另一段故事。

旅程結束了，我搭乘仙石線的新型氣動車前往仙台。我在座位上，拿出後背包裡的文庫本閱讀，那是堀口大學的翻譯詩集《月下的一群》。讀著畫家詩人羅蘭珊（Marie Laurencin）寫的〈鎮定劑〉這首詩。這首詩非常適合作為這次旅程的結尾。

比無聊的女人更悲哀的是，悲傷的女人。
比悲傷的女人更悲哀的是，不幸的女人。
比不幸的女人更悲哀的是，生病的女人。
比生病的女人更悲哀的是，被遺棄的女人。

比被遺棄的女人更悲哀的是，無依無靠的女人。
比無依無靠的女人更悲哀的是，被放逐的女人。
比被放逐的女人更悲哀的是，死去的女人。
比死去的女人更悲哀的是，被遺忘的女人。

若將詩中的「女人」換成「人」，正如形容痛失摯愛者的情感。奇妙體驗之所以發生，是因為永遠無法忘卻逝者，同時也明白逝者不願被遺忘。生者將逝者埋藏在心底，讓他們繼續活著。而我，就是乘載那些記憶的器具。

在那一刻，生者與逝者的故事仍在發展，而我，將回到屬於自己的地方，透過我這個器具，將這些故事陳述出來。

秋之旅

11「好想見你」——丈夫的擁抱

高橋美佳的經歷

跟死於海嘯的人「再相見」是十分奇妙的經歷，你我可能無法想像。在這三年半的期間，我四處旅行採訪這些故事，想想也該告一個段落了。我再次踏上前往氣仙沼的旅程，或許這是最後一次採訪。

氣仙沼區公所的幡野寬治先生說「想將此次地震被海嘯淹沒的區域圈出來，這些地方現在幾乎都成了沖積地」。昔日人類違反大自然，刻意將海洋填補成陸地，但海嘯卻讓它恢復原貌。

川島秀一教授曾這麼說過。

「從氣仙沼車站出來，往海邊走一小段路就可看到區公所。江戶時期開始從那附近填土，最終變成一個城鎮。我想那裡應該就是這次海嘯沖毀的地方吧。原本是沉降海岸，是不可能會有平地的。人類就算改造了大自然，但大海一定會來討回。」

日本或許還不明白這個道理，繼續把土填進這片毀於海嘯的土地，使之煥然一新。

我前往位於氣仙沼灣最內側、受災最嚴重的鹿折地區。我之前每次來氣仙沼，絕對都會來這裡看第十八共德丸大型漁船啟航，現在卻是為了加深對東日本大地震的記憶才來的，因為船隻早已消失。站在原地，周遭景象已完全不同。土堆整備好，開始建蓋新住屋。城鎮又將重生，我想到這，不知何故變得心煩意亂。

我在熊谷先生家門前卸下行李，接著往東新城前進，那是地震後氣仙沼市內發展最快速的區域。先搭乘以ＢＲＴ運行的氣仙沼線[18]，經過氣仙沼車站前的一個大轉彎後就能到達。這附近並未受海嘯侵襲，現在仍可見飯店及大型商店，人潮來來往往，十分熱鬧。當然也有臨時商店。高橋美佳女士（56）死於海嘯的丈夫雅已先

18　氣仙沼線由於鄰近海岸線，海嘯後遭到嚴重破壞，導致某些路段完全無法通行。ＪＲ東日本遂決定在修復之前，先以ＢＲＴ的方式暫時擔負停駛路段的運輸需求。

生（享年57歲）。那裡的臨時商店裡有一家店名叫「MIXIM」。

高橋女士一家曾在鹿折地區開了兩間時裝店、一間釣具店。美佳女士開的「MIXIM」主要以年輕女性為客層，而她的婆婆則專門為年長者開了「MIYOSHI」販售吳服（和服的一種）及禮品。丈夫雅已先生開的是販售戶外用品與釣具的「STREAM」。他們本來是將一樓隔成三個區塊，結帳處也是彼此分開，而店鋪二樓則是住家。地震前因為婆婆患有失智症，這三家店鋪都是由美佳夫婦倆經營。

海嘯沖走他們家所有財產，後來找到的只有牌位、結婚照片及相本。美佳女士把僅存的一些照片拿給我看。有張照片是她丈夫戴著圓頂硬禮帽，比出勝利手勢。照片裡的雅已先生蓄著鬍鬚，很像充滿朝氣的卓別林。美佳女士育有一男一女，地震當天，就讀大學的女兒雖然逢春假回家住，但正巧外出不在家，只有兒子待在二樓，而美佳女士跟雅已先生在一樓的店鋪。

天搖地動之後，正打算離開的雅已先生發現門窗沒關，所以叫美佳女士跟兒子先走，說「我去關門，你們兩個先走」。美佳女士有點放心不下，交代丈夫「要快點跟來喔」，然後跟兒子一起逃到高處。但那卻是夫妻倆的最後一面。

「因為有客人把制服寄放在店裡，所以丈夫說『那是別人寄放的，先放到二樓去吧』，我們三個人一起把東西搬上樓，之後就準備逃到外面。周遭異常安靜，像是開了靜音效果似的。老公叫我跟兒子先往附近的高地跑，我一到安全地點就立刻打電話給丈夫，結果卻打不通。等待丈夫的那段時間也有好幾次餘震。『好慢喔』，我邊說邊看身後，海嘯如一道黑牆直逼而來。有人大叫『海嘯來了』，急忙再往更高的地方逃，兒子說『看到爸爸了』。我們懷著忐忑不安的心情等待著，但過了好久都不見他爬上來，此時，鹿折地區已完全被海水吞沒。

我老公是很細心的人，地震那天一定也有把三台收銀機的錢拿出來，拉上鐵捲門，帶著帳本一起逃。由於隔天還要付錢給制服批發商，所以應該也有去開二樓的保險櫃。雖然現在覺得根本沒必要，但那時根本不會這樣想。」

雅已先生沒有跟過來。

美佳女士的女兒那時人在陸前高田的駕訓班，幸運的是，那天並不是道路教學，而且學校位於高地，她奇蹟似地平安無事，並在第三天，搭朋友的車回到氣仙沼。

美佳女士寄住在親戚家，等待海水退去，之後四處尋找丈夫。過了兩星期，三月二十五日，丈夫的遺體才被自衛隊找到。

在找到遺體前一天深夜（或當天凌晨），美佳女士發生了奇妙經歷。

「他突然出現在我夢裡。站在臥房門口，一句話也沒說，只是看著我，就像黑白相片似的。我看到他好開心，『啊，你在這裡呀』跑去抱他時我就醒了。早上一起來，我告訴兒子夢到爸爸了，他說『我也有夢到』。問兒子『是什麼夢』，他說『爸爸狠狠罵我一頓』，夢中因為老公第一次生氣，所以兒子怕得不敢看他。

丈夫大我六歲，我們很少吵架，就算生氣他也不理我。他很溫柔，不喜歡爭吵，也從沒罵過小孩。為什麼會在夢裡罵兒子呢？兒子那時

高橋美佳女士的丈夫雅已先生。

才剛高中畢業，四月就要去仙台的專門學校讀書了。

其實，我生兒子的時候差點難產。老公應該擔心他無法一個人在仙台讀書吧。我說『一定是擔心你啦』，兒子靜靜點頭。

『兩個人同時夢到他，今天或許會發生什麼事』我跟兒子都這麼覺得，過了不久就接到警察打來的電話，說已經找到丈夫的遺體了。」

幾天後，雅已先生也出現在女兒夢裡。場景是地震時他們住的房子。

「女兒在二樓客廳，注意到有白影飄過玻璃窗外，她心想『難道是爸爸』，打開窗戶一看就是我丈夫。她有點驚訝，想去追他，邊跑邊叫『不要走』，但老公卻一溜煙衝下二十多階的樓梯。樓下店裡一個人都沒有，燈火通明，最後終於要追上了，女兒抱他，哭著說『爸爸，我好想你喔』，丈夫面帶笑容看著她，然後夢就醒了。我女兒也不是順產，所以丈夫真的很擔心兩個小孩的未來。」

原本美佳女士也不相信會有這麼奇怪的事，是孩子讓她相信的。

海嘯之後，在找回的僅有財產中，有從前因早產而夭折的孩子牌位。地震後，雅已先生無法進行火葬，所以選擇土葬。喪禮在三月二十七日舉行，正好是那個無緣孩子的忌日。

「這應該也是一種緣份吧！」

雅已先生的遺體已決定在兩年後出土，市立火葬場已核發五月份的火葬許可，所以五月四日出土後就能進行火葬。

美佳女士跟雅已先生是相親認識的，對美佳女士來說，他是理想的結婚對象。當時美佳女士在仙台的銀行工作，比起算錢她更喜歡跟服飾，每個星期都會去逛街。她認為如果要結婚，對象最好是懂衣服的人，於是透過叔母介紹，認識了雅已先生。

雅已先生從美術大學畢業後，當了一陣子的上班族，但因為是獨子，母親希望他回家幫忙，不過他對經營店舗沒太大興趣。

他們一個月大概約會兩次。雅已先生曾表示「美佳女士大致符合我心目中理想型的條件，而且在一起很開心」。相親後，他們在三個月內訂婚並結婚。在訂婚前的某天，美佳女士打電話回老家，聽到家人說「對方說要帶母親一起來娶妳」時有點被嚇到，嘴裡雖說「啊，什麼呀！他沒跟我講過要訂婚呀」卻沒有反對，應該是因為自己也很滿意這樁婚事吧。美佳女士那時二十三歲，雅已先生三十歲。

「如果我跟丈夫出門，婆婆會說『我也要去』然後跟著去。只要說『要出去一下』，她就會問『是兩個人一起嗎』。我要回娘家，她也會跟著去。因為她只有一個兒子而且又離婚，才會這樣依賴，是一個跟屁蟲婆婆。不過如果是釣魚，就可以跟老公兩個人去了。星期二是店公休，孩子去上學的時候我們就去釣魚。婆婆因為不喜歡釣魚，所以不會跟。後來丈夫因為自己有興趣，開了釣魚跟戶外活動用品店，但也因此沒辦法去釣魚了。

泡沫經濟時期快結束時，我們買了有開過超市的一小塊地。那時我們還開家庭會議討論是否要一起經營。

『分開比較好。』

丈夫不喜歡整天都膩在一起。說要分開讓人有點不太舒服，但我卻沒說什麼。」

結婚第五年，美佳女士終於有了第一個小孩，而且是男孩。但是……

「我懷孕後還是照常工作，等到七個月大到醫院做產檢，醫生要我馬上住院。

出生的孩子只有一千三百三十四公克，是個早產兒。氣仙沼的醫院沒有照顧早產兒的設備，因此用救護車送到仙台的醫院。在那裡接受兩個月的NICU（新生兒集中照護中心）照顧，好不容易出院了，但一個月後，我早上起來摸摸他，他全身冰冷，猝死了。本來希望他能健康長大，所以取了「健人」這個名字，沒想到出生三個月就死了。

他死的前一天有嘔吐，有可能是睡覺時嘔吐，結果被嘔吐物噎住而窒息。婆婆知道是我讓他趴著睡，之後就不停責備我『都是妳讓他趴著睡』。但死因仍然不明，猝死要找出原因需要進行解剖，那時我真的很難受。

過了三年，女兒在平成三年出生了。她出生時，住院住了整整七個月。準備出院時，醫生又聽到心臟有雜音，所以我們去了好幾趟仙台的小兒科，還好後來就聽不到心雜音了。我帶小孩都是提心吊膽，不是普通的辛苦。一年半後，兒子出生了。出生時很健康，後來因先天性腸胃問題，坐救護車到仙台的大學醫院進行手術。三個小孩三種狀況，對孩子們來說也是很不好的回憶。丈夫也是，所以很擔心兩個小孩進入社會，所以即使到了那個世界，還是放不下心。」

丈夫的遺體找到後，美佳女士每天以淚洗面。她如果是自己一個人待在臨時住宅，有時會突然很難過，想放聲大哭。但臨時住宅的隔音效果很差，所以只能壓抑住想哭的情緒。或許死了一切就會解脫——美佳女士隨時都在生與死之間掙扎，根本沒精神重新做生意。

「我家店鋪對街的酒商太太，之前把『氣仙沼，別認輸』這句話做成標籤，貼在酒瓶上販售。朋友都勸我，要不要也重新開始營業呢，但我真的沒那個心情。而且，就算我很喜歡衣服，但銷售方面的事都是丈夫張羅，從進貨到記帳，我根本無從下手。朋友勸了好幾次，我才稍微有重新開始的想法，在地震隔年的二月，重新開始營業。要生活就要工作，我下定決心重新開始MIXIM。」

美佳女士後來偶爾也有做夢，但夢境卻漸漸有了變化。

「丈夫有一陣子沒來夢裡，我開始生意後，有時一個人開車回家會莫名感到悲傷，這種時候才會夢到他。跟之前一樣沒有出聲，但之前他在夢裡總是面無表情地站著，像是家裡的擺飾一般，但自從我開始做生意，夢裡的他會笑了。之前的夢都是我主動抱他，但現在丈夫會先抱我。應該是因為我生意越做越上手、能獨立活下去而替我高興。後來的夢裡，他也是面帶微笑。我感覺死去的丈夫其實在告訴我：

『別認輸！』」

12 死於海嘯的丈夫：「我回來了。」

菅野佳代子的經歷

「你知道盲眼的靈媒嗎？原來你知道，真是稀奇。」

岩手縣陸前高田市的菅野佳代子女士（53）笑道。

在東日本大地震引發的海嘯中，她失去了丈夫誠先生（享年50歲），之後為了平復不安，去找過靈媒好幾次。我先前在熊谷常子女士的故事裡提過，有些靈媒能夠跟死者「溝通」。

「我去找的靈媒不是一對一的，之前去的時候，同時問的有八位，像團體諮商一樣。我第一次去，她突然告訴我『有個男人也一起進來了喔，不曉得是你丈夫還是兄弟。他應該很擔心，所以一直跟在妳身邊。』啊，那應該是我丈夫。

除了想與死者溝通，去那種地方會讓內心比較舒坦。之前也有某位媽媽問靈媒『為什麼我女兒沒出現』，女巫回『因為她的臉受傷，不敢讓妳看到，但她都一直在妳身邊』，結果那位母親說『如果一直跟在我身邊，那我不就不能跟她爸爸恩愛了』，大家哭笑成一團。」

這應該是東北地區民眾的共同感覺。對不相信靈媒的人來說，這或許是無稽之談，但對深信不疑的人而言，這卻無法取代。在採訪之前，菅野女士有先去找過靈媒，請靈媒幫忙問丈夫，能不能把自己的事情告訴別人。靈媒告訴她「誠先生希望妳代替他說出來」，因此我才能做這次採訪。

有些人或許認為這完全沒有科學根據，但我得知有些地區仍然願意相信盲眼靈媒，感到相當開心。

「現在想想，事情發生那天早上其實有些不尋常。我家有一隻十二歲、非常膽小的狗。我每天早上都會把白飯、狗食還有魚肉混著拿去餵牠，通常會有二、三十隻小鳥或麻雀來搶食，而小狗通常只會在旁邊看。問牠『幹嘛不把鳥兒趕走』，牠也一副懶得理的樣子。

但那一天早上卻沒有一隻麻雀。三月天氣還很冷，應該找不到食物吃，照理說會出現的。自從一九九一年這間房子落成之後，這可是第一次沒出現半隻麻雀。
『老公，今天沒有麻雀耶！』
『為什麼呢？』
說了這句話，丈夫準備著出門。
『我出門了』是他跟我說的最後一句話。
我在氣仙沼當了一陣子護理師，然後一九九八年開始，在當地老人照護中心『松原苑』擔任照護經理。那天下班後，原本下午要參加大船渡市的照護保險研習會。而就在下午兩點四十六分，突然一陣劇烈的天搖地動，我急忙趕回松原苑，看見這棟鋼筋水泥的三樓建築，每個房間的牆壁都已經龜裂，天花板散落四處，完全沒有站立的地方。梁柱也都出現裂痕，每次餘震都很害怕是否會崩塌。建物毀損如此嚴重，竟然沒有人傷亡，這簡直是奇蹟。
這裡有入住者一百九十名，以及住院患者十九名，當時所有人員用被單從二樓、三樓垂降下來。因為這裡是一處小山丘，所以其他平地地區的民眾也逃到這裡避難。

那時站在靠海那邊的人大叫，

『有海嘯！』

在海岸線上種植的松林上頭，可以看到像煙又像山一樣的東西直逼而來。沒過多久，黑色的水迅速覆蓋地面，松原苑下方很快就被水淹沒。幸好水在松原苑下方就停止了，我們逃過一劫。

天亮後，跟同事三個人爬上建物的頂樓，眼前景象讓我們瞠目結舌。陸前高田的飯店、銀行等所有建築都沉在水底，像是科幻電影裡的場景。晨曦之中，建物漂浮在水面。上司也一起爬到頂樓，他用望眼鏡四處觀望，用悲戚的語氣說『什麼都沒了』。我家附近也是，像被巨大鏟子全部剷起，都被海水給沖走了。

我最在意的是丈夫的安危。他這時應該要打電話來，但不管怎麼等還是沒接到電話。海嘯警報還沒解除，我就先四處尋找丈夫，整個人走在深及腰部的泥水中。

接到『找到誠先生』的通知，是在三月十六日傍晚。遺體非常乾淨，幾乎沒有外傷，也沒出現死後僵硬的情形，就像睡著一樣。

『你躺在冰冷的泥水中，等我去找你嗎？』

我對丈夫說完後，眼淚瞬間潰堤。『為什麼，為什麼』，我趴在遺體上痛哭。」

誠先生在陸前高田區公所工作，地震當時是教育委員會運動振興科的科長，三月十一日他應該在區公所對面的市民會館。發生這樣大的地震，誠先生應該會打電話來，佳代子女士一直想不通「丈夫一次都沒打來」這件事。

「因為事發緊急，有很多事要處理，但也應該會打個電話給我。市民會館被水淹沒，只有十一個人獲救，我之後詢問倖存下來的人，才終於知道原因。地震後沒多久，教育長叫我丈夫開車，然後兩個人一起去巡視設施狀況。當時計畫蓋一個球場，完成後打算命名為西武，可能將會跟樂天進行友誼賽，大家都很期待，教育長應該很擔心這個設施。但最後他們哪裡也去不了，只能回到會館。接著海嘯來，需要引導市民避難，老公隸屬消防隊，絕對不會丟下其他人自己逃命。聽說他沒逃到市民會館的最頂樓，我想他應該是一直在低樓層引導避難，所以才沒打電話給我。」

菅野女士的住家位在海邊，已經被海水沖走。菅野女士在地震後有回去看過，只看見地基，聽說上面還附著了小北寄貝。

雖然失去所有家當，但在臨時住宅，菅野女士把跟誠先生一起拍的照片擺滿在牌位四周。原本已經被沖走的這些照片，一共找回了一千多張。

「整個家都不見了，但地震後第三天，鄰居告訴我『找到好東西了』。我們家是二十年前蓋的，他找到我丈夫親手畫的房屋設計圖。除此之外，還有放了年金及人壽保險等資料的重要資料夾，連放在書房的照片也都找到了。是在在離家三十公尺的瓦礫堆裡。

某一天，我同學夢到了我丈夫。夢裡丈夫一句話也沒說，只是微笑著。然後那位同學邊開車、邊想著為何會夢見我丈夫的時候，不經意地往旁邊一看，竟然發現一堆照片。

裡面發現我丈夫的駕照、名片、新年賀卡與他收藏的消防署名牌等。找回很多東西，但只有結婚照片沒看到，這讓我很在意。有一天我在家哭過，接著出門辦事，途中遇到女兒的國中老師，對方說有照片要給我但放在車上，我跟去一看，發現就是我們的結婚照片。

他在離我家有點距離的瓦礫堆裡，發現一個放了底片的紙袋，我於是請照相館沖洗出來，結果是我家的照片。每次生日，丈夫一定會送我禮物，照相館打來通知我的那天正好是我生日。我看到最後一張照片是丈夫微笑的獨照，似乎在說『送給妳』。我心想『啊，這是老公送給我的禮物』，後來住院時也有很多照片寄過來，前後算算大概有一千多張。」

一起參與這次採訪的高田醫院前院長石木幹人醫生說：「大部分的人連一張照片都沒有，像這樣能留下照片的人實在很少。」石木醫生是介紹我認識菅野女士的人。

「看著相片我想起很多往事。如果沒有了它們，隨著歲月我應該也會逐漸遺忘吧。相片讓我回憶起跟老公一起的生活，我想會找回這麼多照片，應該是丈夫不想讓我們之間的回憶就這樣消失。」

累積的記憶是人生最重要的寶物。但隨時光流逝，記憶有時會像迷霧般變得模糊。想讓它再次清晰，需要開啟記憶的鑰匙，如信件這類能幫助回憶的物品，而照片最為有用。

回到菅野女士身旁的照片，裡面的人都帶著笑容。

「你們的感情很好吧。」我不禁對她這麼說。

「我和丈夫十三歲時就是同學了。第一次見面是在國中的開學典禮，而我十三歲生日時，老公就送我一條閃亮玻璃珠的墜飾項鍊，收到禮物真的很開心。他似乎是在高田車站前買，一個男生有勇氣去買，真是難為他。因為那裡是民風純樸的鄉下，我們在學校都假裝不認識，完全不講話。但回家之後，會躲著父母親講電話。

國高中都讀同一所。高中畢業我去了氣仙沼的護校，他則到高田區公所上班。畢業後，我們第一次約會是去看電影。對了，我記得他開了一台漂亮的豐田小福星，我們後來常開它去兜風。

我們二十三歲時結婚，當時父母非常反對。因為家裡只有姊妹兩個人，雖然只是住在國宅的一般家庭，但父母還是覺得，身為長女的我應該招婿繼承家業。但在我不斷說服下，他們終於同意了。我跟丈夫其實不像夫妻，比較像是朋友關係的延續。」

「誠先生是怎樣的人呢？」我問。菅野女士似乎心情變得很好，說道：「這個嘛……」

「只要我開口拜託，他就會來幫我，不曾有過一絲厭煩。我很依賴他，而且他從不生氣。他眼角有深深的笑紋，是一個很愛說笑話的人。國會議員黃川田徹先生在區公所非常照顧我丈夫，而黃川先生都叫他是『嘻嘻哈哈誠』，聊天時都充滿笑聲的意思。我們夫妻倆常聊天，我能像現在這樣滔滔不絕說話，也都是拜他所賜。」

佳代子女士的父親隸屬於氣仙木工（以陸前高田為中心的氣仙地區，擁有優秀技術的木匠集團），到死之前都在做工作。誠先生的父親是船員，但因為心臟不好，沒辦法工作，所以經濟重擔便落在母親肩上。誠先生的母親是一個非常剛強的女人。

「當時我們跟婆婆一起住，但她個性比較強勢，我如果黏著老公，或插嘴管事的話，她就會指責我，所以我跟婆婆說話都特別小心。地震發生前兩年，婆婆患了失智症住進照護中心。原本是用「日照」的方式，請照護人員每天到家裡來照顧，但因為她常走失，於是就讓她住進團體照護中心。婆婆很快就適應中心的生活，似乎比在家更開心。

雖然有點對不起婆婆，但這是結婚之後，我們第一次沒有任何顧慮過著兩人生活。這種新婚生活到了中年才發生，丈夫其實也很愛撒嬌，我們能毫無顧慮地講話，想吃飯就吃飯，可以慵懶躺在客廳。

我通常動作很慢，而且又晚回家，丈夫有時會煮好飯等我。他會喝一口罐裝啤酒，剩下的給我全部喝光，每天都過得很悠閒。他愛吃甜食，地震發生前會常買蛋糕，我們倆邊吃邊說『好好吃』或『真幸福』。每一天都像是做夢。除了蜜月旅行，我們還第一次出了遠門，去青森兩天一夜。住溫泉旅館，非常愉快，真的很開心。那次是最初也是最後只有夫婦兩人的旅行。

大概在地震發生前半年，他有時會把『想做的事都做了，明天就算死了也沒有遺憾』這種話掛在嘴上，大概說了五、六次之多。

『你怎麼這樣講，我們現在才要開始……』

『是沒錯啦，但我只是有感而發。』

我當時一點都不覺得有趣，只是一直抱怨。但現在想想，或許那是某種前兆。」

菅野女士在地震後大約一個月時，遇見了奇妙經歷。四月七日的晚上，也就是發生大餘震的那天。

「就算他走了，我還是覺得他在某處看著我，所以總是會自言自語說『老公，你還在我身邊吧』——應該是一個人太寂寞了，我才會哭著對他的骨灰這樣說。但我也可能是認為骨灰有魂魄，所以只要骨灰在身邊，就覺得他也在。

四月七日的晚上，我在妹妹家，發生了震度七以上的餘震。隨後停電，四處黑成一片。

這樣說有點事後諸葛，但那時應該隨身帶著手電筒，但有電的時候就忘記要帶了。屋子裡黑漆漆的，放在骨灰罈前面的花瓶翻倒，家裡物品四處散落，連站的地方都沒有。我正想著『怎麼辦，怎麼辦』的時候，骨灰罈前的行動電話突然發出光亮。

那支折疊式手機是在地震發生前兩年買的，原本放在丈夫的口袋，因為泡到海

菅野佳代子一家

水，有沙子跑進去，所以無法開機也不能充電，就這樣放在骨灰罈前面。根本不可能發光的，但它真的亮了，還不只是發亮而已，在我妹妹面前不斷閃燈。

『啊，是我丈夫。』

我馬上拿著那支手機照亮地面，慢慢走去拿手電筒。

大概持續亮了二、三分鐘，我妹妹也很驚訝，

『姊，真的是誠姊夫，他因為很擔心所以一直待在身邊。』

我跟妹妹兩個人放聲大哭。」

過了十天，菅野女士發生車禍，生死一瞬間。她在那場車禍失去了一隻手，現在的右手是義肢。

「我當時感覺丈夫在天花板高的地方守護著我。我知道他很擔心我，所以一直在我身旁。真的很高興，就算在照顧我的妹妹家，我也會自言自語說『老公，我跟你說……』。在黑暗的房間裡，我一想到要獨自活下去，難過得淚流不止，然後哭了一整夜。

我丈夫變成骨灰，我失去了一切。與其說是悲傷，或許是難以接受現實，不知

自己該何去何從。就連回家後也不知道該做什麼，有時會打開丈夫的骨灰罈跟他說話，然後又哭了一整晚，根本無法入睡。這種非常時期我無法休息，每天晚上都很晚才睡。我家的事務所有三十多位員工過世，我找到老公後，也繼續搜尋其他人。除了一般的探訪外，我還要到各遺體安置所尋找失蹤的人，或者幫忙整理建物，每天睡覺時間大約只有三小時。白天勉強有精神做事情，但晚上回家後又是獨自哭泣。現在想想，那段期間真的過得非常糟。

可能是睡眠不足。我在四月十八日開車去單獨生活的客戶家，我在路上聽著一首忘了曲名、曾在收音機聽過的音樂，然後一邊哭著。回過神來，車子左側已經撞上橋的欄杆。因為我開輕型汽車，車子整個往右傾斜，在橋上滑行了一段距離，我的右手臂被變形的車體夾住，沒辦法逃出車外，痛到快虛脫了，被夾住那隻手臂慘不忍睹。

那時我有聞到汽油的臭味。因為相當嚴重，所以周圍聚集了不少人。

『小心！汽油漏出來了。』

聽到有人大喊，但身體根本無法動彈，我心想『啊，我就會這樣死了吧。如果能見到丈夫，那也沒關係』。

我當時也不是想死，而是不想努力活著，覺得生與死的價值同等，所以無法獨自活著。「如果死亡遲早都會來接我，那乾脆早點。只是死的話我無所謂，但被燒死我可不想。」一邊胡思亂想，一邊有了『能夠去丈夫身邊』的覺悟。

最後消防隊員把我救了出去，不過右手臂完全壞死，一星期後進行切除手術。就我個人的解釋，丈夫因為擔心我無法獨自生活，雖然想帶我走，但這樣婆婆跟孩子就沒人照顧了，所以不能這麼做。他因為寂寞所以只帶走我的右手。」

發生這場車禍，菅野女士住院七個月，動過三次手術後，又住院三個月進行復健。出院時已經是十一月了。

此前，周遭的人都說「如果不納骨入寺就無法成佛」，但如果可以，她希望能把骨灰放在身邊一輩子，於是堅決表示「不納骨入寺」。不過菅野女士在盛岡（那裡跟受災區完全是不同世界）做復健時，萌生了「丈夫的魂魄並不是骨灰」的想法。所以出院之後，在十二月舉行喪禮，將骨灰入寺。菅野女士那時也一併把自己的右手骨頭放進去。

我問她難道不寂寞嗎，她回答：「當然寂寞。」看起來卻相當平靜。「住院時，我很希望他能出現，就算是做夢也好，但卻都沒能如願。出院後，已經納骨入寺，所以每天都去寺廟裡哭。但我在二〇一三年八月搬入臨時住宅後，他開始在夢裡出現。可能希望能像地震前那樣，跟我在一起（笑）。

夢的一開始，是一座有管風琴的教堂裡，我丈夫、前市長還有死於海嘯的其他人站在一起，他們微笑著，沒有聲音。我告訴他：『幸好可以跟大家在一起。』說出自己的夢有點不好意思，但我做的夢很真實，而且又是彩色的。通常都有聲音，像4K電視那般清晰。因此雖然是做夢，有時我卻不覺得是，把夢境跟現實錯亂。

丈夫在夢裡會握住我的手，或是抱著我。他的手很大又很溫暖，我常笑他是末端肥大症。他厚實的手掌傳遞而來的溫暖，即使醒來也覺得真實。這樣的夢，我做了好幾次。

我夢到他很開心，醒來後會自言自語。啊，他在我身邊，偶爾來看我。經常會做一樣的夢，有他出現就非常真實。

前幾天做的夢也很真實。

臨時住宅的空間很狹小，只能把牌位放在小衣櫥上面。丈夫很喜歡花，每天我都會換鮮花跟供品。他來我夢中，就在被海嘯沖走的房子前，那時孩子還小。他說『我回來了』，我問：『吃飯了嗎？』

『還沒吃。』

『還沒吃？』我提高音調說。

他一臉埋怨道『肚子好餓喔』。就在我跟他道歉『啊，對不起』時，夢就醒了。醒來之後，我認為應該是沒好好供飯才會說餓，於是我每天幫他準備飯。之後就沒再做這種夢了。

丈夫在現實中並不存在，但在臨時住宅裡，我卻彷彿跟他一同生活。常常講話拌嘴，『老公、老公』地叫他。」

從二〇一一年三月十一日那天，我們隨著時光流逝，或許會逐漸淡忘這一場地震。然而，菅野女士說：「即使過了三年、五年，失去家人這件事也不會有任何改變。」對失去摯愛的人來說，地震說不定永遠不會停下。

菅野女士計畫在三個小孩獨立之後，在陸前高田蓋一間小屋，並在那裡度過餘生。看見跟許多資料一起找回的房屋設計圖後，她的想法有了轉變——她想蓋一間相同的房子。

「我有丈夫留下的錢來當建造資金。或許有人認為這不切實際，但我希望藉由房子來記住丈夫，當我完成時，希望大家會覺得『啊！這是誠先生的家』。」

菅野女士害羞地說。

那棟房子在地震後第四年終於完成了。雖然對一個人來說空間似乎太大，但菅野女士仍然很滿意，並且請當地的畫家在客廳牆壁畫上誠先生的等身大畫像。菅野女士生活在那，就像是被誠先生的巨大胸懷擁抱著。

13 深夜來敲門的父親，死亡的「知會」

三浦幸治及村上貞子的經歷

在震災地，我們最常聽見昔日的家人、戀人出現夢中的體驗。這些夢境有如菅野女士的夢，很多都是彩色的，相當真實。認為夢是為了傳遞某種訊息的人也不在少數。第二多的經驗，則是接到「知會」。我在採訪之前，聽過不少已過世的人會來「迎接」，也有許多「在死亡時前來告別」的說法，甚至是在同一個時間，多個人卻有相同經歷——這些就是「知會」。這次地震也是，有不少人收到死者的「知會」。氣仙沼的三浦幸治先生跟村上貞子女士就是這樣。

先從三浦幸治先生（50）說起吧。幸治先生是「urban」禮儀公司的禮儀師。我先前採訪的阿部秀子女士家旁邊有條商店街，「urban」位於南方的高地，距離商店街大約五公里。要取得禮儀師的資格，必須經過厚生勞動省的認可才行。

「地震發生時，我剛好在氣仙沼一個叫做『田中前』的地方講電話。馬路上下起伏，電線桿左右搖晃，整個世界彷彿要翻轉過來。因為地震很大，我想說趕快回公司，於是急忙去開車。回公司途中會先經過我家，所以順道看一下家裡的情形，妻子從家裡飛奔出來，我問『家裡沒事吧』，她說『沒事，沒事』，然後我就直奔公司了。平常會走小路，但這次走山路，所以沒看到海嘯。

回公司後，辦公室亂成一團。

公司當天有兩場守夜，辦公室來了很多客人。那天很冷，緊急供電也只能維持三十分鐘，我只好先把停車場的公司巴士開來，讓客人在巴士上取暖。

員工也非常不安，大家雖然都想回家，但我阻止他們，說『就算你們會恨我，但現在絕對不可以走』、『海嘯說不定已經來了，回家的話可能會遇上。等兩小時之後狀況會比較穩定，再多等一下』。

因為我在三年前，曾向公司建議要做好宮城發生地震、海嘯的防災準備。雖然自衛隊會來，但在他們前來救援前，至少要儲存一週左右的糧食跟飲水。提交這份提案時，我曾讀到『如果目前待的地方安全，就請待在原地』這句話。我跟大家說，沿海地區的人最好逃到高地，而已經在高地的人就不要移動。公司位在高地，所以不要移動，至少在搞清楚狀況之前別輕舉妄動。

我們是禮儀公司所以有很多蠟燭。那時已經停電了，趁著天還沒全黑之前先把蠟燭從倉庫搬出來。警報聲持續響著，我到外面查看狀況，聽說前方禁止通行，心想大概是海嘯已經來了。從收音機得知通往各地的道路都已中斷，於是我告訴大家，無法回家的人就住在這裡。

我父親信一（享年80歲）在這次海嘯過世了，但因為擔心客人與員工的安危，等工作告一段落我才知道這個消息。其實也因為我老家在唐桑，那裡位在高地，才想說應該不用擔心。

那次大地震時，學校機關都設置了遺體安置所，但那裡不接受因病過世的人，所以在我們這棟建築物裡，大概就放置了四、五十具遺體。進行火葬需要等二、三週，一些惡質的禮儀公司會索取高額的安置費，但我們公司卻完全不收費，而且棺木又是國家提供的，只會跟遺族索取的費用只有花材、點心水果費等。但也因此，至少都有四、五十具遺體置在公司，我跟員工不眠不休地工作，覺得快撐不下去。

到了五月底，我體力透支而從祭壇旁摔下，左腳骨折，但根本沒時間去醫院，用繃帶包紮一下就繼續上工。雖然知道自己骨折了，但我拒絕住院治療，拄著枴杖在現場做事。」

或許已經習慣在眾人面前發言，三浦先生有條不紊地描述出當時狀況。我們約在「urban」的準備室見面，遺族穿著喪服進進出出，不時能聞到線香的味道。

「到了三月十五日還是十六日，我才有時間回老家。那之前因為道路中斷，想回去也寸步難行，後來聽說道路已經開通，才跟公司請假回去看看。一回到家，我看見母親一個人坐在客廳的矮暖桌旁，縮著身軀，呆坐著。室內沒有開燈，只聽見風聲。

『爸去哪裡了？』

『出去還沒回來。』母親淡然說道。

『還沒回來，是去哪裡了，已經這麼晚了。』

『那天出去之後就沒回來了。』

說完這句話，母親崩潰大哭。

家裡水電都停了，母親一個人忍耐到現在，我開車帶她回我市內的家。

據她所說，父親在三月十一日早上出門，說要去弁天町的醫院以及魚町的牙醫診所，之後還會順道去其他地方辦事。但弁天町跟魚町的所有建築物都被沖走了。於是我打電話給仙台的弟弟，要他一起去避難所找父親。我因為工作的關係，知道遺體通常會搬到那裡，最後卻沒有找到。

三月二十八日是父親生日。我當天傍晚五點前趕回家，幫喜歡喝酒的父親準備水酒，再用鯖魚罐頭當下酒菜，對著他的牌位說：『爸，你去哪裡了？』然後向他祝賀：『八十一歲生日，恭喜！』」

奇妙的事情發生在隔天凌晨兩點左右。

「我那時已經躺到床上，忽然聽見有人敲門。我不確定有多久，但大概持續了五、六秒。那時有很多惡作劇事件，我大聲叫『是誰啊』打開門，結果沒看到人。門外沒有可以躲藏的地方，而且也沒聽到跑走的腳步聲。

我心想『真奇怪』然後回到床上，不到十分鐘又聽到敲門聲。

覺得疑惑又再次開門查看，卻還是沒看到任何人。那時突然想到『啊，是爸爸』。我怎麼知道？這該怎麼解釋，就是腦袋突然飛過這個想法。那時不只是我，老婆也說『是爸來了吧』。

電話已經可以通了，隔天早上我接到叔叔的電話。

『已經找到你爸了，在南町公車詢問處的附近。』

父親不會開車，所以平時都搭公車。找到的地方是在公車詢問處附近的瓦礫堆下面，應該是等巴士時遇難。

我們在二十九日的早上接獲通知，而發現是在二十八日，沒想到是在生日那天遇難。

父親穿著褐色POLO衫與夾克，雖然掩埋在泥土堆裡，但身體沒有受傷。

喪禮在四月六日舉行，哥哥還有嬸嬸聽說我遇到的事之後，許多人也表示有相同經歷。

『也有去嬸嬸家嗎？』

『有，有來。』

『大概在幾點鐘？』

『兩點鐘左右。他來我夢裡，給我添了許多麻煩，覺得不好意思。』

『也有來我家。』

『也是兩點鐘左右？』

『差不多就是那個時間。』

住在東京的哥哥與千葉的嬸嬸都在同個時間被敲門聲吵醒。父親有去跟我們比較熟的嬸嬸打招呼，也是在兩點鐘。大家都在相同時間遇到奇妙的事。

舉行葬禮這天，宅配公司送來面紙、衛生紙以及貓飼料。

『是誰寄的啊……』

『寄件人是爸爸。』

寄送日期是三月十一日。通常去醫院看完病之後，他會去買東西，那天發生地震前先去了藥妝百貨購物，然後再請店家宅配。那間店已經被海嘯沖走了，應該是地震發生前不久安排寄貨的吧。有太多奇妙的事了。」

地震那年的二月，三浦先生讀小學三年級的女兒寫了〈父親的工作〉，這篇作文在第四十七屆全國兒童才能開發選拔活動中，得到文部科學大臣獎。她寫道「看見父親主持祖父的喪禮，除了能理解父親的工作外，也非常尊敬他」。祖父信一先生知道孫女得獎之後非常高興。女兒的生日是三月二十六日，而信一先生的生日則在三月二十八日，所以就約定大家要在那時一起溫泉旅行。或許父親會覺得遺憾吧——三浦先生說。

「我在四個兄弟排行第三。

父親是捕鮪魚的漁夫，很少回家。每次出海捕魚大概都要半年或一年。我上小學時，他雖然是在近海捕魚，但也要三、四個月才回家一次。船隻夏天會入港休息，所以他有時會在家一個月，但大部分都是住個十天或兩個星期就又出海了。航程有四十天，待在家裡卻可能只有三、四天。因為如此，父親從沒參加過學校的運動會、才藝表演，當然也不可能去教學觀摩。航海時，頂多就是發個電報而已。雖然那時候也有衛星電話，但一分鐘卻要好幾萬日元，他打電話回家，問了『大家都還好吧』，最多也只是輪流跟我們兄弟交代一句話而已。站在旁邊的母親會一直提醒『趕快掛，很花錢的』。

父親只要回家，就會帶我們搭小船釣魚。我鬧脾氣的話，他會說『帶你出去玩好不好』，然後帶我去他常去的鳴子溫泉。我們會住在那三、四天，整天泡溫泉，那時的事情我現在還記得。

我們那時與祖父母同住。家裡也有務農，所以小時候常下田幫忙。田裡的工作告一段落，到了冬天就會跟母親和外公坐船去捕牡蠣、海膽或鮑魚。外公相當嚴格，做錯事就會被他綁在房子旁邊的大杉木上。母親可能因為出身討海人家，個性相當好強，我經常被她責罵，不過好像沒被父親罵過。

高中畢業前，我跟其他兄弟不同，沒跟父母談過未來的計畫。他們曾問我『未來有什麼打算』。當時社會上流行走後門，親戚還有父母的朋友有介紹我公職或銀

三浦信一先生

行的工作，但我全都回絕了。父母應該很擔心，我那時跟他們說了這麼任性的話：『我不想上大學。高中畢業後，想騎摩托車繞北海道一圈。我為了存錢會去上班，但這些都等我從北海道回來之後再說。』從北海道回來之後，我離開家到外面租房子，開始一個人的生活。就算我這麼自以為是，父親也從沒責備過我。到現在我還是很感謝他。」

三浦先生說，這次地震處理了將近一千具遺體。大部分的遺體，都呈現〈吶喊〉這幅畫的狀態。

「手跟腳都扭曲變形，表情就像在吶喊般僵硬，似乎要表達些什麼。入棺工作很令人難過，我想他們被海嘯沖走時，應該都很希望傳達訊息給某個人吧。那或許不會被大家注意到，但我希望能去傾聽他們想傳達的。」

◇

村上貞子女士（69）的家位在氣仙沼市東邊的唐桑半島。那裡地勢嚴峻，山壁彷彿隨時會崩塌似的緊貼海岸。眼前可看見大海，建物蓋在高地，完全沒受到海嘯的影響。

「這裡鰹魚和鮪魚相當有名。從前有許多捕鰹魚的船隻，十分熱鬧。濱海地區因而相當富足，靠山地區因為缺乏土地所以經濟狀況較差。」村上女士邊準備茶水邊告訴我。

村上女士待人親切，雖是第一次見面，但感覺像是早已見面多次。

「有鮪魚船的船主太太賺了很多錢，抱著玩玩的心態開了一間酒吧；或者船主迷戀上日本舞蹈老師而引起不小的騷動，這裡有過不少羅曼史。」

這裡是叫「鮪立」的村落。鮪魚可能是為了捕食沙丁魚才在這個海灣聚集。這附近流傳著紀州漁夫傳授的鰹魚海釣法，鮪魚則是在近海就能捕獲。但在戰後，捕捉鰹魚逐漸轉變成鮪魚延繩釣，大型船開啟的遠洋漁業所帶來的鉅額財富造成階級之分。船主又被稱為「大老爺」，昭和四十至五十年代期間，他們建造了有如神社佛殿般華麗的房屋，叫做「唐桑御殿」。村上家雖不是九脊殿，但也相當華麗，應該是氣仙木匠建造的吧。線條優美的設計，沿著懸崖建蓋的那棟房子，簡直像是別墅。村上女士的丈夫治憲先生也是漁夫，在鮪魚漁船上工作約有十年。

「前幾天，我採訪了一位住在唐桑，也在鮪魚船工作過的三浦先生他兒子。三浦先生也在海嘯中過世了。」

和村上女士閒聊時，我告訴她這件事。

「這樣呀。」她悠閒地倒著茶聽我說。

「是從氣仙沼醫院的回家途中被沖走的。」

聽到我這句話，村上女士臉色變了。

「三浦先生？是怎樣的人。說不定是我哥哥，你聽誰說的呢？」

她連續提出好幾個問題。

「他兒子在urban工作。」

「啊，是我大哥啦。好巧喔！就像是我哥指引你來的。」

其實村上女士和三浦幸治先生，兩位都是那位大船渡的小山圭璋住持介紹給我的，但似乎小山先生也不知道兩人有血緣關係。

村上女士的採訪從這裡開始。

「找到哥哥的前兩天晚上，我在夢裡見到他。他在夢中穿著我幾年前送他的褐色、灰色與黑色條紋的POLO衫站著。我一叫『大哥』，他就消失了，兩次都是做一樣的夢。沒有笑也沒有哭，就平常的樣子，沒有講一句話，只是沉默地站著。是要告訴我什麼呢？」

因為太巧，村上女士很興奮，講話速度很快。我做出「慢一點」的手勢，請她從地震當時開始，依照發生時間敘述。

「地震那天，我跟丈夫都不在這裡。我在氣仙沼市內上茶道課，結束後本來要搭巴士回家，但因為想買冬天的褲子，所以順便去店裡，沒過多久就發生地震。那時搖得很厲害，我心想不妙，會發生大海嘯。或許是因為不安，我擔心其他客人會受傷，所以就向店員接了掃把跟畚箕，把店門口的破碎石塊掃乾淨。

整理時我聽到『海嘯即將來到，請去高處避難』的廣播。我很擔心住在鹿折八十一歲的姊姊，打算先去探望她。但路上看到褐色海浪從海岸線席捲而來，波浪打在陸地上，連巨大的共德丸號都被沖走。著火的船隻旋轉著，隨著海水四處漂流。好恐怖，我不禁渾身打顫。現在我回想起當時情景，也覺得非常可怕。

我那天晚上住在弟妹家，天快亮時，海岸那邊傳來呻吟聲，是『救我』或『嗯……』的聲音。真討厭，應該不是認識的人吧，我不得已只好摀住耳朵。

到了早上，上面的哥哥來接我去親戚家，父親（治憲先生）也在那裡，除了我們之外，大概還有十幾個人住在那裡。

在市民會館前排隊提水，後面的女人說『鮪立全毀了』。我大叫『啊，我也住在鮪立』、『外婆家也完蛋了』。我全身無力，站都站不穩。」

村上女士講話的同時，彷彿又再看到當時的情景，連說了好幾次口渴，走到廚房喝水。

「我第三天終於回去唐桑，看到我家平安無事，喜極而泣。

在那之後，大嫂說她丈夫還沒回來。我哥哥那天好像為了去醫院才出門。有人看見他穿著POLO衫跟夾克，拿著手提包在巴士亭等車。那時各地的道路都中斷，沒辦法開車去找。我們所有人分頭尋找，最後還是沒找到，因此向警方提出『三浦信一行蹤不明，請協助搜尋』的要求。

警察在三月二十九日跟我們聯絡，說已經找到遺體了，要我們過去確認。我看到哥哥的瞬間，真的有點嚇到。他穿著褐色、灰色以及黑色條紋的POLO衫。

『哥哥穿著我送的衣服。』

我不禁喊叫出聲，跟夢裡一模一樣。」

村上女士跟三浦幸治先生一樣，都非常受到父親信一先生的疼愛。

「我是七個兄弟姊妹中最小的，總共三男四女。過世的哥哥是長男。地震時我六十六歲，跟哥哥差了十四歲。他就像父親，非常疼愛我，從來沒罵過我。對我來說，大哥就像是父親一樣。

我有一個大三歲的姊姊，但他比起姊姊更寵我。他在鮪魚船上工作，船隻一入港他就會帶禮物給我，常常買可愛的帽子或鞋子。印象最深的是一頂像碗公一樣毛茸茸的漂亮帽子，他沒買給姊姊只買給我，之後姊姊鬧脾氣，還用腳踢他，吵了好一陣子。

我們兩個人曾經合照。他長得很帥，應該很受歡迎。

我高中畢業後，就到衣料用品店工作。那個時期，大部分的人都用船隻移動，有一次要幫忙送客人買的東西到他搭乘的定期船隻上，有一次我巧遇大哥。

『妳沒有零用錢了吧？』

然後就拿錢給我，我拒絕了他，『我已經在工作了啦，大哥』。但他卻說『哎呀，就留著吧』硬是塞給我。我哥雖然沒什麼錢，就是好面子——他一直都沒什麼錢。」

氣仙沼的地形有部分是沉降海岸，比起陸運，海運會更方便。直到最近，唐桑和氣仙沼港之間都還有固定船班，不管是去上學、醫院甚至去喝酒都是搭船。

「大哥在鮪魚船上工作，本來是擔任通訊長。我們都叫他『局長』。沒多久，他跟母親說『要當船長』。船長是男人們的夢想吧。母親卻反對，她說『船長責任重大，雖然對船主不好意思，但你還是繼續當局長好了』。可是大哥說『這是男人的堅持』，最後還是當了船長。

如果船員辭職，船長需要去找新的船員，但他還是自掏腰包買禮物給我，就算沒錢還是會給我零用錢，說是給我的資金。大哥賺錢賺得很辛苦，本來是沒什麼錢的。就算如此，他還是打腫臉充胖子，一定要塞零用錢給我。

大哥是那種喜歡把『沒問題，沒問題』掛在嘴上的人。跟他說『很危險要注意』，他也會說『貞子你別擔心，沒問題的』。或許是這種習慣，他才常常受傷或生病。地震發生時，也一定是因為這樣才來不及逃跑。

他第一任老婆懷第一胎時，曾經必須做出要留老婆或小孩的決定，但最後老婆死了。我哥有段悲傷往事，想起這件事應該會很難受吧。一想到他是帶著悲傷回憶過世，我的心也糾在一起。

之後，我就沒再夢到哥哥。他一定是去成佛，所以不再出現了。」

或許是某種神祕的力量，讓我不光只是採訪到三浦幸治先生，也讓我有機會聆聽村上女士的故事。又或許這純粹只是偶然。但我寧願相信冥冥之中確實有神祕的力量。

14「第一班列車已經抵達」的廣播

今野伸一與奈保子的經歷

大都市的交通便利，地方城鎮就比較不方便。從氣仙沼去石卷如果要搭乘大眾交通工具，必須坐BRT或從一之關經仙台前往，兩種都需要花很長的時間。我猶豫很久，最後決定租車直接開往石卷。

我這次約了今野伸一、奈保子夫婦，他們有兩個兒子。地震那年，長男廣夢就讀大川小學二年級，次男莉希還在讀幼稚園。去世的是哥哥廣夢。那次大海嘯，大川小學全校一百零八名學生有七十四人死亡或失蹤，廣夢就是其中一人。他跟之前介紹過的永沼琴小朋友是好友。

我第一次見到奈保子女士是在二〇一五年七月。地震發生後，為了災區那些生活在不安之中的小孩，我成立組織推行「TIDAKIDS計畫」，邀請他們一家到沖繩的伊江島住十二天。「TIDA」是沖繩方言「太陽」的意思，組織宗旨就是在耀眼的陽光下盡情展翅翱翔，而所有活動皆交給伊江島的照顧家庭安排。莉希也參與了那次活動，奈保子女士為了支援也陪同一起前往沖繩。初次見面時，她給我一種隱約的感覺：若是前面有懸崖，她說不定會跳下去。後來奈保子女士也說：「那時我真的很消沉，身心疲累不堪。雖然抱著必死的決心活下來，但地震後的第四年，已經快要撐不下去。」

在伊江島住了一個星期，她開始有了轉變。「我之前根本不想見人，現在卻連身體都感到輕鬆，像在另一個世界。」她說。距我們離開伊江島的時間越來越近，她甚至想過是否要留下來。不只奈保子女士有了改變，連莉希小朋友也跟之前不一樣了。莉希本來很討厭運動，整天躲在家裡，回石卷之後卻去參加當地的馬拉松，並且接受電視台的訪問。這些轉變令人難以置信。

應該是在那年秋天吧，我請她介紹有過奇妙經歷的人給我認識，但幾天後，她打電話給我說沒有人可以介紹，問道「如果是我的親身經歷可以嗎」。也因此，我偶爾會跟奈保子一家人見面。

我前往拜訪今野家當天，他們一家三個人很專心地盯著電視看。今野伸一（40）、奈保子（34）還有小學四年級的次男莉希（10）。銀幕上是一個五、六歲的男孩手拿麥克風，陶醉地唱著放浪兄弟的歌，完全不在意其他人的笑聲與掌聲，專心唱著歌。唱歌的是死於海嘯的長男廣夢小朋友。

「他完全不怕生。」伸一先生說：「我朋友來家裡玩時，他會對第一次見面的人說『叔叔，陪我玩』。莉希則完全相反，會躲到哥哥後面。」

奈保子女士說，影片是很久以前錄的，最近情緒逐漸整理好，終於有勇氣再拿出來看。

「影片裡的地方，是地震被海嘯沖走的娘家。廣夢喜歡在車子裡面大聲唱歌，說

今野廣夢小朋友（右）及莉希小朋友。

等到回阿嬤家，就能表演給其他人看，所以在車上練習。他那時還在讀幼稚園。廣夢喜歡唱卡拉ＯＫ，唱的是流行歌，弟弟小他三歲卻喜歡〈津輕海峽・冬景色〉這種演歌。好令人懷念。」

奈保子越講越小聲，伸一先生則呆坐一旁。

「看這些錄影帶時，總希望能回到當初。廣夢如果還活著，現在都已經十三歲了。」

他喃喃自語。

現在今野家散發著新房子的氣味。在地震發生前，今野夫婦原本住在大川小學附近，但奈保子女士想離開長男埋葬的地方；而奈保子女士的父親也因為房子被海嘯沖走，煩惱著是否要住進臨時住宅。地震後一年，他們決定蓋一棟三世代房屋。接著利用休假日，自己動手堆砌外牆並鋪設通往大門的地磚。

夫妻倆原本是住在伸一先生的老家，那是一幢有兩百年歷史的老屋，海嘯雖然淹到庭院，但卻沒影響到建築物本體。海嘯襲來時，奈保子女士跟母親一起賣保險，人剛好在石卷市內的保險公司。

「我兩點半離開公司，往內陸移動，母親本來說要留在公司，後來卻一個人前往海岸邊的客戶家。然後就發生地震了，如果直接回公司就好了，但她似乎是協助客戶避難，耽誤了時間，回公司途中遇到大塞車，最後連車帶人被海嘯沖走。」

奈保子女士不光失去了長男廣夢，同時也失去母親。

伸一先生當天在市內進行水道工程，原本想趕回家，但因為電線桿與瓦礫阻斷了道路，所以在車子待到天亮。

「聽說我住的地方全被海嘯沖走，我想說怎麼可能，卻也只能等待天亮。隔天早上五點鐘左右，路終於通了，我急忙趕回家，但開到村落附近，看到堤防潰堤，我們住的地區全都沉沒在水裡，實在很難相信。回家之後，看到莉希搭幼稚園接送巴士回到家，稍微放了心，我立刻加入義消隊的救難活動。這個時候，還以為海嘯不會巨大到能把鋼筋水泥校舍吞噬，所以並不擔心廣夢的安危。聽說自衛隊的人會用直升機把大川小學的學童帶到安全地點，更讓我深信沒有問題。但過了好久，都沒看到直升機把小孩帶來，於是開始覺得奇怪。隔天我去學校，感覺情況有點不對勁，學校在地勢較高的地方放置了許多藍色塑膠布，我翻開塑膠布，死掉著孩子就像睡著似地躺在裡面。看到這個，我簡直快昏過去。可是廣夢不在其中。

在那之後，我們加入了失蹤孩童的救援活動，這個工作相當艱困。我心想要快點找到廣夢，持續進行搜尋。看見認識的孩子被埋在瓦礫堆裡，再將死去的他們搬出去，真的非常難受。那種活動我打死都不想再參加了。」

廣夢過世後，變化最大的是弟弟莉希。奈保子女士說：「還在讀幼稚園的他，突然變得像個小大人。」

「那時還需要依賴蠟燭和手電筒生活，每天只有吃飯跟睡覺。莉希說『我們來玩撲克牌吧』，希望能鼓勵心情低落的我們，好像哥哥附身在他身上一樣。每天又黑又冷，都過得很痛苦，莉希應該也很難受，但他還是設法安慰我們，他那時就像個大人。」

雖然年紀還小，卻想鼓勵家人。莉希坐在一旁聽我們講話，「嘿嘿嘿」，他不好意思地笑了。

四月八日找到了廣夢的遺體。

「過了一個月，外觀看起來還是很漂亮。我終於見到廣夢，他一點都沒變。卻閉著眼睛，永遠都見不到了。隔天要幫他上妝，過世後，廣夢的臉會慢慢變得不像他，所以要趕快進行火化。」

但遍尋不著棺木與火葬場。不但在縣內找，也打電話去山形跟秋田問過，奈保子女士說。

「希望能夠找到，卻又不能接受孩子已經死亡的事實。之後還要自己找火葬場，一間間打電話去問，簡直就是惡夢，想哭但哭不出來。不過，一想到如果找不到該怎麼辦，只能拚命去找。我不停地哭，心臟像是要從嘴巴跳出來，每天緊張到不行。」

「他真的很可憐。」伸一先生說。

「太可憐了……」奈保子女士說。

「後來終於在山形縣上山市找到火葬場。去那裡申請火葬許可，看到火葬場旁邊的公園有巨大的蒸汽火車。難道是廣夢要我們送他來這裡嗎，我眼淚不由自主地落下。」

伸一先生說，如果要用一句話來形容過世的廣夢，那就是「鐵路宅」。

「一歲的時候，他在永旺玩具城看到Plarail鐵道王國的展示之後，就非常喜歡鐵路。喜歡看介紹鐵路的書，還有時刻表。他上小學的時候已經看得懂時刻表了……」

廣夢一歲時就開始對Plarail著迷，莉希則是看見哥哥在玩，也在一歲時跟著喜歡上Plarail。

「廣夢一下課，進家門就丟下書包，跟莉希玩到天黑。莉希老是喜歡跟在哥哥屁股後面，學哥哥說話，像個跟屁蟲。平常兄弟倆感情非常好，但偶爾會為了Plarail吵架。」

聽到奈保子這麼說，伸一先生好像想起了什麼，補充道：

「莉希喜歡改造Plarail，自己動手做火車，廣夢則是屬於知識派。要是還活著，應該會變成一個『宅男』吧！

廣夢看了『鐵子之旅』這部動畫後，對鐵路越來越沉迷。他把節目錄下來，每天重複看，我還擔心錄影機會不會燒掉呢。而且每一個角色的台詞他都記得。之後問他要去哪裡，都會說要看鐵路，生日禮物也選Plarail，家裡的生活重心好像都放在鐵路上。」

在電視下方，有一整排跟鐵路有關的ＤＶＤ，大概有一百張以上。聽說廣夢放學一回家都會重複看好幾次自己錄的ＤＶＤ。

地震後，有一件事讓人稍微感到欣慰，就是廣夢跟莉希喜歡的《鐵子之旅》作者及工作人員希望來石卷採訪。那次採訪的內容成為《新鐵子之旅第四集》的題材，現在這本書是莉希的寶物。

「廣夢喜歡寢台列車的北斗星號。他常說長大後要坐北斗星去北海道，我們也會回他『一定會帶你搭北斗星去北海道』。他的夢想是當新幹線隼鳥號的駕駛。莉希也被他影響，說想當隼鳥號的駕駛。我們或許太溺愛他，但他真的是個好孩子，沒有一點心機。可是卻……」

伸一先生沒再繼續說，氣氛變得凝重。莉希可能也注意到了，不知何時開始，電視畫面換成了《鐵子之旅》。隨時注意現場氣氛似乎是莉希的性格。

奈保子女士說：「除了偶爾為了Plarail吵架，他們兄弟感情很好。他很喜歡哥哥廣夢，廣夢也很疼愛這個弟弟。

莉希第一次上幼稚園時，廣夢已經上小學了，可是我們全家還是一起去幫莉希加油。準備回家的時候，發現廣夢不見了，我們四處去找，結果看到他對幼稚園的老師說『莉希是我弟弟，麻煩你多多照顧』。」

進了玄關，左手邊是放了廣夢牌位的房間。失去孩子的父母親應該都這樣吧，會在佛壇旁邊放置許多充滿回憶的物品。雖然也有布偶，但大部分都是跟鐵路有關的玩具，像是鐵路的照片集、蒸氣火車與嵯峨野觀光鐵道的ＤＶＤ、Plarail和蒸氣火車的紀念插畫本，還有廣夢拍的照片等，包圍著廣夢的照片宛如一座遊樂園。

我雙手合十祭拜，莉希似乎早已在等我起身，帶著我到一樓的其他房間。那是六個塌塌米大的房間，有一些Plarail的立體透視模型占據了一半房間。「鐵道模型」則放在二樓莉希的房間。

似乎有一個專門為鐵道迷介紹Plarail的電視節目，地震後，莉希看了廣夢錄製的那個節目，然後自己做了這些模型。這些模型在地震尚未發生前，把老家十六個塌塌米大的空間塞得滿滿的，而且不光是Plarail，也擺出了「鐵道模型」出來。順帶一提，Plarail是種在藍色塑膠鐵軌上，以乾電池為動力讓火車行駛的模型，也是種適合小孩的玩具；「鐵道模型」則是鐵軌間隔九釐米、實際鐵道的一百五十分之一（在日本是如此）大小、相當精巧的小型鐵道。

這個房間不是只有買來的Plarail，也有莉希自己用小噴槍重新上色的車廂，還有自己創作的Plarail。像是之前去沖繩，讓他興奮的沖繩都市單軌列車「Yui-Rail」，是他用迪士尼買的車廂所改造。另外，把伊江島的渡船模型改造成搬運車輛的貨車，也是他的得意作品。

「太厲害了，全都可以動嗎？」我問莉希。

「可以動喔，你看。」

莉希很快的將車廂放在軌道上，按下紅色按鈕。

「噗噗，一號列車到囉。吱——」

我聽見電車廣播的錄音。

「對了……有一次，我們全部在隔壁房間看電視時，它突然自己播放了。」

奈保子興奮地說。

「上下車時請注意您的腳步。本車站全日禁菸。」

那是車站內的廣播聲音。

「之前廣夢跟莉希在玩的時候，常常會播放這段錄音。因為聽見聲音，所以我就知道是兩個人在玩。那天我差點以為是他們在隔壁房間玩，但仔細一想，地震過了，廣夢也不在了，而莉希就坐在我旁邊看電視。

『等等，隔壁房間沒有人……怎麼會自己播放呢？』

大家面面相覷，『怎麼會？』一起發出驚訝聲。」

根據奈保子所說，無人的房間所傳出的廣播聲，是來自一組新幹線月台的Plarail模型，「這是廣夢在三歲時很想要的玩具，爺爺買給他當生日禮物」。

「什麼時候發出聲音的呢？」我問奈保子女士。

「不是在這個房子，是我們還住在老家的時候，所以是地震那一年。水電都已經恢復了……應該是地震後兩、三個月以上發生的，莉希也記得對吧？」

「對啊，就自己響了。」

「找到廣夢的遺體後，放在房間的鐵道模型有先收起來，放在祭壇好一陣子。

火葬之後，莉希想起以前跟哥哥一起玩的事，就自己把它組裝起來。」

聽伸一先生說，等到搜索告一段落，生活一直到五月、六月才開始恢復正常。「本來情緒很低落，卻又想盡快恢復到正常生活，所以勉強回去職場，但精神方面還是很不安定，難以回到原本的狀態。馬路是變乾淨了，車輛也慢慢增加，建物也開始蓋了，看見城鎮逐漸復興起來，心裡依舊感到遺憾。很討厭只剩自己還留在原地。這種時候，就會想到大兒子已經不在身邊了，工作也常常會想到他，然後情不自禁地哭出來。

還有發生過這樣的事。我幫某棟房子做水道工程，屋主太太告訴我『你身邊站了一個人』，嚇了我一大跳。她說：『是一個男孩子吧？看起來很悲傷。說你這樣會生病的，要你不要太累。』老實說，那時我心裡想『過勞死也無所謂』，所以每天拚命工作，聽到這句話我的心揪成一團。她又代為轉告：『你寶貝兒子是哥哥，不會有問題的，不要擔心。』廣夢不是說『我』，而是用『你寶貝兒子』。聽到這個，我又哭了。」

就是在那段時期，會聽見「噗噗，一號列車到囉」的廣播。

「自從某天早上，他說『出門囉』之後，就從這世上消失了。這個衝擊實在太大，家人們都難以接受。那時聽到這個廣播聲，沒看到影子，但我覺得廣夢就在附近。如果他在身邊的話，大家都會很高興的。我們從不相信靈異現象，但自從孩子死去，我們才開始相信真有其事。」

聽到伸一先生這麼說，奈保子也點頭認同，然後說那時候常會做夢。

「我夢到跟廣夢一起搭電車。那輛電車不像是一般的電車，是好幾十年後才會出現的高科技電車。坐著電車，我問他『還好嗎？找了你好久』。

『我知道。』

『我們以為在體育館，所以去那裡找……』

『不是喔，不在那裡。』

我們已經知道他死於地震了，卻還是夢到問他這種話。夢醒後，發現這是一場夢。但聽到Plarail發動並且自己廣播，這種一般很難想像的事情時，讓我明白，就算肉體不在了，魂魄卻仍然存在。雖然眼睛看不到，但感覺到廣夢的魂魄就在身邊。他很愛玩這個Plarail，所以即使到那個世界，還是很想待在這裡玩。」

伸一先生也說「光是想到他在身邊就很高興」。

「不只發生一、兩次，而是希望他能更常出現。」奈保子說。伸一先生說：「要是能跟我們說話就更好了」、「我們現在不當成是錯覺，而想著廣夢就在我們身邊。」

聊得正起勁，莉希從二樓下來，小小聲地說，外面曬的衣服掉下來了，是不是廣夢弄的。奈保子告訴他是風吹的，但莉希似乎不這麼認為。

我原以為奇妙經歷只有發生一次，但事實並非如此。第三次與他們見面時，伸一先生聽說我要住在石卷，就邀請我去他們家。我問他「有沒有可能是故障，所以才發出聲音」。伸一先生回我「如果不按按鈕，就不可能會響」。

「來新家之後就沒動過嗎？」我問，「還沒有。」伸一先生遺憾地說。

「這樣呀，只來玩一次應該不夠吧……」

我隨口說說，但旁邊的莉希突然說。

「上次有動過喔。」

「什麼時候？」

「大概半年前。我在樓上房間玩，你們說『要吃飯了，快下樓』所以我把房間電燈關了。然後N規鐵道透視模型突然動了。打開燈一看，它自己在動。」

「N規鐵道透視模型？」奈保子感到驚訝。

「Plarail有可能發生故障，但N規鐵道透視模型絕對不可能。」

「它動之前你有做什麼嗎？」我問，莉希只是淡淡地說：「我只是在那裡玩而已。是它自己啟動的。」

此時，莉希的外公，也就是奈保子的父親博先生（60）也在。他似乎覺得很有趣，靜靜坐在旁邊聽，然後語出驚人地說道。

「沒錯，搬到這裡沒多久，N規鐵道透視模型在佛堂自己啟動了。」

「啊？」

一點都不誇張，我跟伸一先生、莉希一起驚叫。

「N規鐵道透視模型放在佛堂的地上，車廂本來在軌道上，並沒有動。我雙手合十祭拜，敲了頌缽後，它突然開始動了，速度還很快。我覺得很奇怪，觀察了一下，但因為從碰過模型，不知道該怎麼讓它停下來，最後只好把它從軌道拿下來。」

博先生說。

「之前它自己動起來，我也被嚇到了。」莉希說：「然後趕快把開關關掉。」

「是啊，被嚇到的時候完全不知道該怎麼辦。」博先生說。每個人都有不同的經歷。

大家說完後，奈保子向我解釋。

「如果只是轉遙控器的開關，N規模型只會慢慢啟動，而想要加速的話，就必須用力轉。所以，如果是因為故障啟動的，就不可能跑那麼快。」

那麼，會是誰？

「一定是廣夢在玩。」

電視此時正播放著錄影內容，突然聽到「碰」的一聲。我們全都往電視方向看，

「哇嗚，嚇我一跳！」莉希誇張地說，大家都笑了。

每個人都有與廣夢之間的不同奇妙經歷。等到大家稍微冷靜下來，奈保子溫柔地說：

「沒有發生那些事情的話，我會認為廣夢已經從這個世界消失了。想到廣夢的

魂魄和意識都在身邊，我就不會寂寞。要是他在身邊的話，希望能發生更多奇妙的事。」

Plarail只是一種塑膠製成的人造物品。總之，有微量電流通過就會引發廣播，人造物品就會開始動。但如此簡單的原理，卻是連結兩個世界的通道，也是彼岸死者以及此岸生者之間的繫絆，讓生者有活下去的勇氣。

最近Plarail跟N規鐵道模型都沒有動。問伸一先生會不會寂寞呢，他是這麼回答的。

「雖然廣夢在海嘯中喪失了性命，但我想，他會投胎到別人家的。」

奈保子女士最近開了一家「Pon Chan」的美甲沙龍。之所以取名「Pon Chan」，是因為廣夢在嬰兒時期有點胖，那是他的綽號。所謂店面，也只是利用家裡六個塌塌米的空間，貼上壁紙稍微裝潢一下。目前的客人也都是朋友或是別人介紹，還未正式開張，但至少終於願意往前看了。

15 母親與愛貓的靈魂

大友陽子的經歷

我握著租賃車的方向盤，從石卷上高速公路往南開，目的地是仙台市南邊的名取市。這個城鎮跟龜井繁先生居住的亘理郡一樣，都屬於平坦地形，也因此海嘯一來，就會淹沒整個地區。死者大多集中在閖上等地區，幾乎都是未經開發的土地。我逐漸靠近名取市，映入眼簾的是曾經去過的廣場，記憶瞬間回到地震那一年。那年七月，我在這附近採訪父母皆死於海嘯的震災孤兒，當時我坐在廣場長椅上，採訪一位年僅十歲的女孩。想起採訪過程中，因為太過難過而無法動筆。那孩子在夢裡說「媽媽和外公牽著手，很愉快地散步著」，這句話讓我得到救贖。她笑著說以後要成為甜點師傅，不知道她現在過得如何？

想著這件事，不知不覺就抵達目的地了。

其實採訪過程中，有些地方似乎不夠完整。那就是除了有許多人罹難之外，也有很多貓、狗等寵物也一起死了，但為何從沒聽過與寵物有關的奇妙經歷呢，難道說寵物跟人類不同嗎？思考這個問題時，剛好遇到一個人願意將自己與貓咪發生的奇妙經歷告訴我。她是住在名取市的大友陽子小姐。

我問陽子小姐的實際年齡，她笑而不答，我猜大概是三十多歲。

陽子她家從祖父開始就經營小雜貨店。父親過世後，母親接手經營，陽子小姐則負責部分事務。但這家雜貨店的營收無法維持家計，所以每星期有一半的時間要去打工。

到幫忙時，通常會在店裡吃午餐，不過地震當天，陽子跟媽媽說要回自己家吃飯，大約兩點八分的時候離開店裡。

陽子家養了小桃、布丁兩隻貓。有時也有其他野貓跑來，陽子小姐也很疼愛牠們，跟自己養的貓一樣。或許知道陽子要回家了，牠們會紛紛從某個地方跑來。雖是野貓，但每隻都有幫牠們取名字。像是出生四、五個月的灰色小貓叫作咻咻，然後原本應該是家貓、愛黏人的虎斑貓叫作縞太郎——這天咻咻跑來了，餵牠吃完「飯」，沒多久就開始天搖地動。

陽子的母親與貓小孩們的生命就在這次地震畫下終止符。母親死於海嘯。而貓小孩們也死了。

「包括野貓在內，我家一共養了十二、十三隻貓。貓小孩們的結紮幾乎都是我自費的。雖然流浪動物協會也有提供協助，但我每個月要支付的分期付款是五千日幣。好不容易付清了，卻遇到地震。

家裡有張矮暖桌，地震前一天，縞太郎像平常一樣躲在裡面。牠的腿很短，尾巴長得像蠟燭，應該有被人養過，所以不怕人，開了門就會自己跑進來。但讓人覺得不捨的是，牠可能知道自己不屬於這個家，所以在屋內待一下就出去了，不管外面有多冷。

那天一如往常，我做飯時回頭一看，因為背著光，暹羅、虎斑混血的桃子顯得格外亮眼。我正想『牠毛色應該沒那麼白』的時候，突然地面開始上下搖動。」

陽子小姐的母親因為店附近的小學就是避難地點，所以自然會去那裡避難，但沒多久她就回來了。她來告訴陽子小姐，由於避難所飄散著濃煙，根本無法避難，而且去確認過鄰居的狀況了——這時候她背後也散發出跟桃子一樣的亮光。

「可能是背光的關係，像是有聚光燈打在背後，散發出金黃色的光暈。該怎麼形容呢，就像釋迦摩尼。母親那時看起來好漂亮。地震之後，我才想說那可能是種『徵兆』。說不定只有母親跟桃子死於海嘯，而布丁還活著。」

我曾聽過這樣的故事。罹患癌症的人在過世前一天，明明是昏睡狀態、無法說話，卻突然出現在親戚的床邊道別：「過去承蒙你照顧了。」如果這就是我們常聽到的「徵兆」，那麼用光的形式來表現「徵兆」也就不會奇怪了。

「地震發生後不久，母親說『有點擔心，辦公室的門沒關』，然後我要她『先去附近的臨時避難所躲一下』。母親溫柔地回我『知道了』，然後開車走了。那是我最

大友陽子小姐的愛貓桃子

後一次看到她。

平常的話，我會說『我去看就好，妳先去避難』不讓她去，但因為我當下也很驚慌，才沒阻止她。一想到她因此遇難，就覺得很對不起她。」

當時的後悔如今也教她痛苦，有如重播畫面般。

「我想叫回母親，所以急急忙忙開車去追，但我跟她之間隔了一條街。那一條路通往我跟母親約定碰面的臨時避難所入口，但這樣的距離卻決定了我們的生死。我車子快開到避難所時，避難所前面大塞車。車停下來，一輛黑色輕型汽車從後面疾駛而來，發出警笛聲要我靠邊，我沒想太多就把車開到旁邊。我看見車子直接衝進避難所的會館。在會館玄關，車上的人好像對著我喊『水要來了』、『白癡，快進來』，但因為車窗是關著的，完全聽不見。我打開車窗問『你說什麼』時，黑水只離我十公尺遠了。

最後玄關被關上，雖然有放鋁製逃生梯下來，但我全身溼透、手腳冰冷根本爬不上去。於是有人從二樓爬下來，用窗簾把我的身體固定然後拉上去。

那個人跟上面打了手勢後，對著我喊。

『不要看旁邊，也不要看下面，看上面就好。』

『不要鬆開，鬆開手就完了。一定能獲救的，千萬別鬆手。』

多虧他的提醒，沒讓我看見黑水以及其他人被水沖走的慘狀。」

我問：「為什麼不要看旁邊呢？」陽子小姐露出驚訝的表情說道：「啊……」

「看下面會看到黑水，看旁邊會看到人被沖走。救我的人應該是認為，我如果看到那個情景會昏過去吧。事實上，只看過那恐怖的景象，有些人到現在都還有陰影。我那時候在想什麼？嗯，掉下去就死定了。人家冒險來救我，如果掉下去，也可能讓別人留下陰影。我也想過如果掉下去，那在被水沖走之前一定要跟他說謝謝。」

當時海水把一輛輛汽車沖走。或許是鹹海水啟動了防盜系統，下面傳來好幾輛汽車的警報聲，就像臨死前發出的悲鳴。

「我被拉上去時，眼睛是閉著的。然後就像電視影像般，我眼前突然出現桃子臉部的特寫，接著布丁也慢慢靠近，兩隻貓交錯著穿透我的身體。那時我就知道『桃子跟布丁都走了』，然後腦袋突然有『牠們被水沖走了，來跟我做最後道別』的想法。絲毫不覺得可怕。

過沒多久我就聽到『沒事，妳一定會得救的』。那時我心想『我這條命是用母親那條命換來的』、『是母親救了我』而內心充滿感激，雖然還沒被救上去，但內心很平靜。那些聲音就像是母親對我說的話語。」

陽子小姐的母親開車前往辦公室，結果大塞車根本無法前進，原本要棄車逃到附近的消防署，卻在途中卻被海浪吞沒。

海水退去之前，陽子小姐一直待在臨時避難所，之後搭自衛隊的吉普車到市民活動中心。地震後第三天晚上，陽子做了奇妙的夢。

「夢裡，我不知為何身在工作的地方。電話突然響了，我接起電話『喂』，另一端是母親的聲音，『媽媽，我沒事別擔心』。夢中的我心想『咦？母親不是失蹤了嗎……』，然後就醒了。難道說，母親雖然被沖走，但在那個時間點其實還活著。可能命在旦夕，還浸泡在冰冷泥水中兩、三個晚上……好可憐。」

她母親的遺體在四月初被發現。找到時，趴著被壓在瓦礫堆下面。桃子跟布丁等寵物當然也都沒找到。瓦礫散落四處，無從找起，如果貓咪生還，說不定會自己找路回家。陽子小姐在家附近等了一陣子，但一隻都沒回來。

由於附近沒有能火化的地方，她向山形跟秋田那邊詢問，卻也由於排隊者眾多，等待遙遙無期，最後輾轉在宮城縣栗原市找到了火葬場。陽子小姐希望幫母親準備一個像樣的棺木，禮儀公司的人卻告訴她：「小姐你還活著，這樣以後會很辛苦。就算幫母親準備上好的棺木，但如果因此經濟窘困，再怎麼說母親應該也不會開心吧。現在這個已經很不錯了。」之後他們把棺木抬到黑色靈車上，和陽子小姐一起前往火葬場。

她有時會夢見母親，一開始都是很難受，例如夢見自己睡在避難所的體育館，母親變成黑影壓在身上，邊哭邊說「那時為什麼沒叫我逃呢」。沒救到母親的悔恨變成了夢境。陽子小姐的夢境，在母親火化後有了很大的轉變。後來夢到的都是日常生活的情景。

「這個地區的人在祭拜時，會將白色糯米丸子堆成小山，供奉在牌位前。尤其在辦喪事時，最先開始製作丸子的人，必須一直做到最後。這是母親告訴我的，但那時災難剛發生，根本買不到製作丸子的材料。然後我夢到了母親。

『怎麼了，連丸子都不幫我準備哦。』

母親仍然語調溫柔。

我把這件事告訴堂妹，她說附近的店有營業，於是答應幫我做，後來終於有丸子可以供奉了。當天晚上，母親微笑地出現在夢裡。

『謝謝妳幫我準備的丸子。』

之後我就沒再夢到恐怖的夢了。」

陽子小姐也曾做過這樣的夢。

「大概過了一年，我夢見母親穿著烹飪罩衫在陽台晾衣服，閃閃發光。我心想『母親已經過世了呀』，於是拿即可拍準備拍照，但她說『不要拍』。

『為什麼？』

『拍照的話，我就沒辦法去那個世界了，不要拍啦。還有好多事沒做完，我很忙耶。』母親笑著說。

她從我小時候就一直很忙，少有時間照顧我。我看見她切菜煮飯、晾衣服就覺得很安心很幸福。明明只是夢，但我醒來之後卻感覺溫暖。

我也有做過這種夢。

在二〇一二年九月。準備把海嘯摧毀的房子拆除，我請志工幫我把衣櫥運送到臨時住宅。那時我只想留下母親的衣櫥，不過因為老舊之外也不好用，搬過去也沒地方放，所以最後就放棄了。那天晚上，我夢到母親。

『為什麼不把衣櫥搬過來？』

『這裡的衣櫥比較新……』

『新的不一定好用，因為是便宜貨。』

『對不起！』

那個舊衣櫥是母親的嫁妝，所以有感情吧。她應該是想告訴我，那個衣櫥用的材料很特別，有點好笑。

『嗯，那該怎麼辦呢？』

她有些不高興，但似乎好像放棄了。」

陽子小姐很想念母親，我問她「有沒有對母親印象深刻的事呢」，她於是說起自己小時候。

「我家土地只有二十坪左右，一樓是店面，二樓是住家。我們犧牲掉浴缸的空間當作店面，也因為這樣，我們常常去公共澡堂。在改開汽車公司前，店裡其實很忙，每天等工作告一段落都已是深夜，澡堂也都關門了。夏天的話，就會在店裡沖澡。但母親很想要一個能隨時泡澡的浴缸。後來房子改建，終於有屬於自己家的浴缸時，我記得母親常說『一天工作結束之後，幫女兒洗澡是我最幸福的一件事』。」

陽子女士小時候會跟母親一起泡澡。雖然相當平常，但對於她來說，那幸福的時刻永生難忘。她還有過這種夢。

「我讀幼稚園的時候，大部分小朋友都有家長陪同參加學校遠足，但因為我家做生意，母親不可能陪著去。我記得她去拜託其他同學的家長『我沒辦法去，女兒就麻煩妳照顧』，我就是夢到了這個場景。夢裡的母親二十幾歲，到剛才那邊為止都是實際發生過的，然後有個跟我們很熟的阿姨，她對擔心的母親說『沒問題，我來照顧』。那個阿姨也死於海嘯，常跟母親一起出現在夢裡。接著學校巴士開始行駛了，我突然想起『咦？阿姨不是也已經⋯⋯』，等到冷靜下來的瞬間，夢就醒了。」

什麼時候會做夢呢？據我了解，絕大部分的人都不是在地震剛發生，或最難過的時候做夢，而是等狀況穩定下來才會。陽子小姐也是如此。

「活到這麼大，都是母親守在我身旁，讓我無憂無慮。母親和那個阿姨都是因為擔心我才出現的，我原本以為只要感覺寂寞，母親就會在夢裡安慰我，但她卻遲遲沒有出現。反而在我拚命工作、疲憊萬分的，或者做事小有成就時才會出現。我難過時，母親應該也會難過。她也會想在我生活充實的時候出現，與我共享快樂吧。」

母親過世後，陽子小姐一度沮喪到連活下去的力氣都沒有。她收到母親遞交給稅政機關的確定申告資料後，有時半睡半醒間，甚至會去模仿母親的筆跡。她自從學吹源自南美印第安的「蓋那笛」之後，開始認為活下去是有意義的。陽子小姐說自己本來只會吹口琴，但蓋那笛的音色很療癒，所以練習得很勤。投入蓋那笛的世界，讓她逐漸找回自我，之後還邀請我參加演奏會。學了吹笛後，她遇到一件奇妙的事。

「二〇一四年的盂蘭盆節，我中午忙著打工，根本沒時間去掃墓，到了晚上六點或七點才去。你問我怕不怕黑？一點都不怕。因為我很多好友都去了天上。現在也是，為了供奉過世的人，我工作結束後會去墓前吹蓋那笛。一到墓地就會先跟大家打招呼。

『各位打擾了，想讓這裡熱鬧一點，希望你們聽一聽。我也想吹給母親聽』。雖然吹的不是名曲〈化為千風〉，但還是想吹給母親聽。結束後，我會想像有掌聲，然後自言自語『有這麼多聽眾是我的榮幸』。不知道的人看到我，可能會覺得像個瘋子吧。

我那天坐在車裡吹笛子，往外一看，有一隻豎起尾巴的褐色貓。起初以為是野貓，但後來又有一隻褐色虎貓，同樣尾巴直豎。陸續出現三隻、四隻、五隻貓，然後我注意到一些事。我坐在車裡，貓咪們走路的地方與車窗同高，下面很黑所以牠們看不到我。等等，我好像有看過這些孩子，仔細一瞧，其中不但有我餵過的貓，也有沒看過的，難道說是牠們的朋友？

我停止吹笛，大家尾巴紛紛翹起來，像是站在電扶梯上，一隻隻地過去，有好多隻。我在車內呆呆看著牠們溫和的表情。接著前方出現一條朦朧的隧道，大家都被吸了進去。那是龍貓的世界吧。

貓咪離開後，我彷彿碰觸到鬆軟、溫暖的東西，感覺非常舒服。牠們為了感謝我的照顧才出現，似乎也想說「我們現在也陪在你身邊喔」。這好像是童話世界裡的盂蘭盆節。」

在那之後，貓咪們也用各種方式出現在陽子小姐身邊。

「即使沒看見形體，但我能從重量和味道知道是牠們。跟在我腳邊，或站在我腳上的時候能感受到重量。養了那麼久的貓咪，當然知道牠們的氣味。吹蓋那笛的時候，牠們一定會出現。有時還會弄出鈴鐺聲，而且也會趁我睡覺時在腳邊磨蹭。

我有時會聽到貓咪打呼、哈氣的聲音，氣味也相當濃。我最後餵飼料的那隻野貓咻咻也會出現，睡覺時，牠會用冰冷的鼻子磨蹭我的臉頰。雖然眼睛看不到，但我卻感受得到。」

陽子小姐第一次演奏會時，她站在舞台上，演奏廳四百個座位全無虛席。光是這樣的場面就讓她差點昏倒。

「一般來說正式上場時，吹的力道最好只用平常練習的十分之一，但那時由於太緊張，覺得呼吸困難，肩頭像是有石頭猛地壓在上面。就在我盼望能吹得順利，且想融入感情吹奏時，天花板射下四道光柱，接著成為四道閃亮的光線穿越我身體。那一瞬間，肩頭整個變輕鬆，呼吸也變順暢了，我表現得甚至比平常好。演奏結束時，聽眾紛紛歡呼。那四道光線是什麼呢？就算不是母親，那也是有人守護著我。跟我感情很好的親友都到天上去了，我一點也不害怕死亡。如果那些光線是為了守護我而存在，那麼我更應該要努力活下去。」

失去了母親，失去了歸屬的家，也失去了工作。當人生被剝奪時，人究竟能替自己做什麼呢？這正是陽子小姐所面對的問題。若說她需要什麼，那或許是「活下去的樂趣」吧。就連餘生所剩不多的病患，也希望死前能活得更有價值。唯有找到活著的價值，找到生命的意義，才能感受生存的喜悅。無論光線是否是死去的貓咪化身，只要能讓她感受到活著的意義，新的故事就即將展開。

16 避難所裡的「母親的臉」

吾孫耕太郎的經歷

名片上寫著「f・8仙台攝影俱樂部 會長」。吾孫耕太郎（70）從某社會福利設施退休之後，轉任業餘攝影師，每天都過得很忙碌。

地震當時，吾孫先生在仙台市太白區八木山的家裡。那裡地勢較高，所以不會受到影響。母親文子女士（享年93歲）因海嘯過世，她住在離海岸線不遠的若林區荒浜的特殊養護老人之家「潮音莊」，是在避難途中被沖走的。吾孫先生是四個兄弟姊妹中的長男。

「母親到八十幾歲手腳都還很俐落，但年紀越大，腿跟腰也變得無力，癡呆症狀越來越明顯，所以才把她送到潮音莊。那大概是在我退休後四、五年，也就是地震發生的前幾年。母親每個月有三週會住在養護中心，剩下的一週回家住，由我跟妻子還有姊姊一起照顧。

發生大地震那天，我想說母親住的照護中心應該沒有問題，但也不知受災狀況，所以無法確定她是否安全，不確定該怎麼辦。隔天我前往潮音莊，到了附近，聽說那區域的居民都到七鄉小學避難了。我得知潮音莊的人平安無事，終於放下心中的大石頭。

我到七鄉小學尋找母親，看到很多人都在這裡避難。我有看到一個男孩獨自坐在學校的鞦韆，這件事的印象比較深刻。

後來我到詢問處，他們說『在這裡的人，名字都貼在大廳了，請去那裡確認』。到了二樓，多功能大廳的入口貼了一張手寫的紙，上面寫了『潮音莊』，也寫了來這裡避難的人的名字。我向工作人員詢問避難情形，他們說：『海嘯淹到二樓，所以那時無法開車避難的人都平安逃到屋頂。後來依序搭直升機到機場，再搭巴士來這裡。您的母親等一下應該也會被送到這裡。』

離太陽下山還有一段時間。入口處沒看到母親的名字，但因為有時我會去養護中心探望母親，所以說不定能看到認識的人，我於是到處看看。有很多避難者擠在這裡，我在房間中央附近，注意到一位身形比母親胖一些的大嬸，她背對我坐著。我朝她走去，那背影看起來好像母親。靠近一看，正是母親。

『媽，妳已經到這裡了喔!?』

說這句話的同時，我腦袋也冒出許多問號。母親既然已經到這裡了，那為什麼入口處沒有她的名字，但眼前真的是母親呀，她穿著棉和服，神情有點癡呆。

『大家都很擔心妳，跟我一起回家吧。』我溫柔地對她說。

我想通知姊姊們母親已經找到了，人也沒有受傷。我看著她的臉，正打算拿出手機時，在她臉上看到了另一雙眼睛。要怎麼解釋呢，就是母親的眼睛在上面，而在下面又有另一個瞳孔，看起來是立體的。我心想『是母親呀，咦?有點奇怪』，但的確是母親的臉，我想拿手機拍，卻忽然變成其他人的臉。那個人不敢置信地看著我。我可能因為看到對方一臉狐疑地沉默不語，或只是因為自己認錯人，當時真的非常不好意思，簡直想找個洞躲進去。有人確實長得很像，說不定還有其他人也很像。我環顧四周，死裡逃生的大家，臉上滿是驚恐與不安。」

吾孫先生走入校園，回到載避難者來避難所的巴士上等待。這時他還沒對「全員平安」這句話感到懷疑，相信一定能見到母親。

由於那裡靠近仙台港，能聞到石油揮發的臭味。到了傍晚，開始提供晚餐，避難者們於是依序排隊領餐。就在吾孫先生打算回家時，他看到潮音莊的工作人員聚在一起低聲討論事情，氣氛有點不對勁。不過，他那天決定先回去，隔天再過來找。

「地震之後，他們馬上搭車去避難，第一批平安抵達小學，但第二批出發的人當中，有兩名工作人員以及六位入住者——總共八位被海嘯沖走，至今下落不明，母親是其中一人。照護中心的主任表示，不知道是出發不久後被沖走，還是在移動途中被沖走，倖存者為了自保都來不及了，根本不記得被沖走的地點。我聽到這些內心開始有覺悟，同時也知道前一天的奇異現象，可能是母親前來做最後道別。這沒有任何根據，姊姊也說應該是幻覺，但喜歡拍照的我，總是習慣從客觀角度觀察事物。那絕不是幻覺，確實是母親。」

文子女士的遺體是在三月二十日找到的。吾孫先生到每個遺體安置所打聽，幾乎快沒有油了，就在無計可施之際，警察與他聯絡了。前往確認身分時，他看見衣服上寫了母親的名字，知道沒弄錯人。此時母親的臉顯得浮腫，等到隔天身體脫水後便恢復到原本的模樣。

文子女士是基督教徒，吾孫先生依照她的遺言，拜託教會長老舉辦喪禮，只有家人與鄰居才能參加。後來回顧喪禮的照片，幾乎每張都有圓形光點。不知道是不是因為拍照時的晃動，其中也有光線往旁邊流動的照片。攝影師當過幾十年，我還是第一次看到這種相片。

吾孫先生和文子女士，母子倆一生都過得非常辛苦。

「我們家大概在昭和二十二年（西元一九四七年），全家搬遷到仙台市的八木山開墾荒地，拿到了二町五反（約二點五公頃）的開墾地。父親原本身體就不太好，他在我十歲時因胃癌過世了，之後完全靠母親一個人把我們撫養長大。」

「仙台在戰後是需要開拓的地方嗎？」我很驚訝。

吾孫先生的家離仙台車站車程不到十五分鐘，附近有不少坡地，也有地下鐵車站，住宅相當密集。白天街道上人來人往，很難想像這裡曾是開墾地。昭和三十年（西元一九五五年）之前的仙台，其實是一個非常小的城鎮。

「戰時，父親是高中數學老師，同時也有販賣模型飛機。我想他應該因為體弱多病所以沒去打仗。不過戰後，就不能繼續販賣模型飛機了（因為佔領軍禁止販售模型飛機）。由於無法參與戰爭，他才希望用別的方式為國效力吧。以下是我的想像，那時政府呼籲增產報國，他才因此為了國家投入開拓荒地計畫。開拓時沒有收入，父親會到附近的美軍營地值夜哨、做翻譯。但因為過勞，他身體變得很差，接受醫生檢查時，胃已經長了如拳頭般大的腫瘤。

母親繼承了父親的工作，但也是非常辛苦。有好幾次打開米缸一看，裡面一

吾孫文子女士

粒米也沒有。沒有水根本無法耕種，所以種不出稻米來。母親開始種白蘿蔔、大豆、紅豆、草莓等等。母親是開發的先驅，之後她成功種出旱稻，我們終於有米可以吃了。

晚上只要有星星或月亮，她都會下田工作。她也養了三百多隻雞，生的蛋能拿來賣，不過有次被野狗咬死一半。我們放學之後也要去田裡幹活。土地低窪處有湧泉，我讀小學五年級時，媽媽就要我去那裡挑水，挑完水就去割稻。一九六〇年代有一部《西部拓荒史》的美國電影，描述美國西部開拓時期，其中一家三代橫跨五十年的家族歷史。同樣的情況，我們家大概也歷經了十七、八年。

當時池田勇人先生（前首相）進行所得倍增計畫，但這與我們家無關。其他人都已經有自來水跟電力，我們卻是住在沒有自來水的臨時小屋，甚至連浴缸都沒有。可是母親仍然拚命工作，因為如果沒通過開拓審查，土地就會被收回。」

經濟高度成長使得住宅用地的需求增加，於是原本是「森之郡」的仙台，森林面積越來越少。昭和四十年代（西元一九六五年），由於希望仙台能保留森林，吾孫先生的開墾地約有三千坪被指定為綠地保存地，稱為「吾孫之森」，今日仍保留開墾時期的模樣。他帶我參觀「吾孫之森」，那裡幾乎沒有平地，四處都有緩斜坡，而整個地區則是一個陡坡。河水流經之處也相當陡斜，要小孩提水桶爬這個斜坡相當辛苦，而在這個連行走都有些吃力的斜坡上，七十歲的吾孫先生卻健步如飛。

「有好也有壞。我覺得幸福的是，母親雖然這麼忙，但她在聖誕節一定會烤蛋糕。因為家裡養雞，有時會煮雞肉火鍋給我們加菜，到了梅雨季節，從學校放學回家，也會看到桌上有滿滿一碗的木莓。

經濟開始高度發展，山林地慢慢變成住宅地，所以經常會有建商來拜訪我們。母親耳根子軟，很容易相信對方說的話，但我認為那樣百害而無一利，因此相當反對，我們常為這件事爭吵。之後，母親被捲入土地詐欺事件。她被父親的友人騙，在土地買賣合約簽了名，因此爭訟了十多年。最後雖然勝訴，但中間由於進入訴訟程序，土地無法變賣，所以付不起稅金和學費，導致家裡每個月都十分拮据。訴訟在我二十四、五歲時才判決確定，我們從那時開始，終於比較能過正常生活了。」

不久之後，急速都市化使得土地固定資產稅評價額提高，接著政府也開始追討固定資產稅。

「四十歲之後，附近終於有下水道了，雖然是很方便，卻讓固定資產稅驟增，我的薪水根本付不起。跟母親商量後，我們決定蓋公寓，用房租收入來支付稅金。泡沫時期，有好幾家業者都希望我們能以十億日圓把土地賣給他們，但礙於仙台市的綠地協定，土地是無法交易的。多虧這個政策，我的年金全拿去支付稅金了，而且還不太夠。以為終於能擺脫貧困的生活，卻又被稅金追著跑。」

吾孫先生苦笑著。

母親日以繼夜地工作拉拔四個小孩長大。後來兩個姊姊跟一個妹妹都搬出去住了，吾孫先生是長男，沒辦法離開這個家。「因為她只有我這一個兒子，我從二十幾歲起就跟著母親工作，幫她分擔一部分辛苦。」吾孫先生接著說：「這可能是母親在我面前出現的原因。」

那次的奇妙經歷，讓吾孫先生聯想到東北地區現今仍保留的山岳信仰[19]。

「聽說祖父母會因為擔心自己的孩子、孫子，而一直守護著他們。那次經歷讓我明白，人就算死了，對兒孫的記憶還是會留下。東北有葉山神社，神社後面是一座美麗的山巒，死於故鄉的人們，魂魄會住在山頂，守護著村民。這與葉山信仰有關，而葉山信仰就是山岳信仰的一種。在東北地區，人死後將繼續守護子孫的單純信仰是自古以來就存在的。母親與祖先，都在某處守護著我們。如果不曾有那奇妙的經歷，我應該不會有如此感觸。」

葉山信仰也可寫作「端山信仰」。所謂「端山」，就是「這個世界」與「那個世界」的「橋之山」。人死後，靈魂會離開肉體，飛昇至美麗的山頂。我曾經聽過，聚集在山頂的靈魂會守護著遺留在世的家人、子孫，等到內心已經沒有遺憾，就會前往「那個世界」。端山信仰的思想，連結了那個世界與這個世界，也讓生者與死者共同生存。由於東北地區至今仍保留著如此信仰，那些奇妙經歷發生時才有如日常生活的片段。

在這趟旅行，我起先聽到的並不是什麼奇妙經歷。與其說是奇怪體驗，我覺得更像是怪談，例如我在石卷聽到的，車子到了十字路口，前面有車停著不動，下車一看，是因為有很多人要過馬路，但後來發現根本就沒有半個人——說故事的人很

19 一種將山作為神聖崇拜對象的信仰。

害怕，聽故事的我也覺得恐怖。但我要採訪的不是那種「恐怖經歷」，而是想把生者與逝者之間的故事寫下來。

今日在鄉下，也可以看見有人將祖先照片掛在門框上，然後早晚向祖先問候，我認為這是源自與「那個世界」有所連結的倫理觀念。與「那個世界」的聯繫可能出自日本人的集體潛意識（也可說是宗教思想），假如東北地區仍保留這種觀念，那麼地震後發生與死者共存的故事，也就不足為奇了。二〇一四年三月，地震發生後第三年，我相信這一切沒有錯，開始去傾聽他們奇妙的故事。

海嘯如此不可抗拒的力量，造成失去摯愛的悲劇，讓活下來的人內心留下莫大陰影。本書所寫「與亡者相會」的故事，當事者之所以講述並非為了承認悲傷，而是他們為了接受那個不願承認分離、拒絕遺忘且認為肉體消失但靈魂存在的自己，同時也是為了記住那個重要的人。

結束這趟旅程，我搭上前往東京的新幹線。或許這個時節較為繁忙，車廂內有很多人。從《遠野物語》做為開端，我這趟投入三年以上的旅行也將接近尾聲。我閉上眼睛，回想我所採訪那些遺留在世的人，他們敘述某個離世的人的故事時，其中那深深打動我、毫無修飾而純粹的情感。

我戴起耳機，傳來的歌聲就像死於海嘯的逝者對著我訴說。

不管是在百年前，或是百年後，
我不存在的這個時空不會改變，
也因為如此
一想到自己曾經生存過的事實將被抹滅　就會感到寂寞，
街景更替　即便在人們接連逝去的日子，
景緻不受影響　人事依舊　只是匆匆忙忙。

——中島美雪〈退休背號〉

我不會忘記這些我從遺族口中所認識的逝者們。記住你們對我來說一點也不難，正如大多數人的記憶，你們會永遠留在我心中。

然而我記憶的容器就快要滿溢。雖然如此，與死者交織的故事卻會繼續，等我回到東京將容器騰空，一定會再次回來。然後將你們的故事裝入「冬之旅」這個容器。你們的存在絕對不會被抹滅。

旅程之後

坐在屋簷下，慵懶曬著秋日的暖陽。我回到東京，恍如活在夢境。

短暫出現的奇妙經驗，只不過是生者與死者的長篇故事裡其中一個片段。如果沒有這些經歷，或者沒有遇見我的話，這些故事大概就會那樣消失吧。為何東北地區會發生這麼多難以形容的奇妙故事？

我回想自己聽聞過的故事時，發現其中有許多靈異怪談，而這些不是我想寫的事情。

舉一個例子。我去氣仙沼的T小姐家，她突然說「幽靈在唱歌」，嚇了我一跳。「發生地震的隔年。我帶著女兒到醫院探望母親，回家之後女兒說『外婆在跟幽靈講話』，我想說怎麼可能，於是在母親的病房過夜。那天晚上，傳來響亮的歌聲。母親微笑望著傳來聲音的方向。

『有誰在那裡嗎？』我問母親。

她笑著說『真是的』，又接著說『妳看，那裡不是有很多小朋友』。我聽得到歌聲卻看不到身影，但母親好像可以看到。

『怎樣的小朋友？』

『穿得很破爛，看起來很可憐，應該是死於戰爭的孩子。』

『妳不害怕嗎？』

『很開心呀，我想給他們點心。』

隔天問幫忙照顧的人，才知道『自從地震死了很多人之後，醫院裡經常看得到』。母親在兩個星期後就過世了，有那些讓她開心的幽靈陪伴，相信她的旅程不會寂寞。」

另外還有像是：聽見岩石從山上滾落的聲音，隔天叔父就過世了；伴隨巨大聲響，房子開始搖晃，結果兒子猝死——詳細內容就先省略，每一個都像會出現在《遠野物語》的故事。其實本書所介紹的奇妙經歷，也有不少超乎我們的想像，能歸類在靈異故事。東北地區現在仍散發著《遠野物語》的氛圍，認為陰陽兩世的差別並不大。由於還留有如此觀念，對靈異經歷才會有那般感受。

我認識一位罹患癌症而過世大學教授，他在死前曾告訴我，他知道自己快離開人世，周遭發生了一些無法合理解釋的奇妙事情。如果受限於一般常理，或許就不會發現了。而或許正是有人發現，魂魄才會出現。東北是一個不侷限於西方常理的地方，因此不可思議的經歷才會出現在日常生活當中。

並非只有形體才會存在於世上。越慈愛的人越會讓人想起他，比起單純的形體，慈愛、悲憫、愛情、熱情、哀傷、憂愁、恐懼、憤怒等這些看不到的情感才是形成這世界的主要元素。也因此，對一個人的思念會變成魂魄，又或者是聲音、光線在世上出現。我思考著，一面回顧那些發生在受災區的奇妙經歷。

我在〈準備啟程〉曾提到本書的撰寫動機，原本沒有這種想法，是岡部先生建議我寫的。我當時相當疑惑，但為何最後決定寫呢？是因為石卷的遠藤由理女士這一番話。

「我從不相信靈異故事，或許有些人一旦親身經歷還會以為自己瘋了。知道也有其他人有相同的經歷之後，我就不覺得自己奇怪。希望這個社會能接受那樣經歷過的我們。」

換言之，我希望這些經歷能作為「非虛構」故事被大眾接受。但無法驗證這些故事是否為真，而且也無法重現，這樣要如何讓大眾明白這是真實的呢？

我們從敘述當中自然能得知其真實性，而完整呈現就是我的使命，因此我不透過其他人驗證，而必須由自己確認。因此，每位受採訪者我至少要聊過三次。我認為，見過三次應該就能知道故事是否可信。我在「夏之旅」一章，曾說見三次面是因為想知道故事的細微變化。雖然這也是實話，卻只是其中一項原因。以結論而言，他們根本沒必要對我說謊，或許是不用見三次面，但因為涉及個人隱私，原本有所保留的人在會面三次之後，應該會暢所欲言了吧。

我跟那些在海嘯失去親人的人思想上有落差。為了減少落差，我認為最少要見面三次。正如千葉美代子女士所說「天皇來跟我說話之前，沒有人關心我們」，如果不曾經歷過海嘯，聽到這句話也只會覺得「沒關心的人只是不知道怎麼關心吧？」。我把這件事告訴龜井繁先生，他這樣說。

「這是沒遭遇過同樣悲慘經歷的人的藉口。對失去親人的人來說，會感覺被忽略是因為沒人理解，內心會感到孤獨。如果一個人懂得悲傷，即使不說話也會去關心他們，拍拍他們背也好，跟著他們一起流淚。」

後來我再見到千葉女士時也問了她，她說常常能感受那種感覺，我聽了相當失落。

本書是把刊登在《新潮》月刊二〇一六年四月號、九月號以及十月號，以及別冊現代《G2》第十九號（二〇一五年五月二十二日號）的內容改編而成。書中人物的年齡是採訪當時的年齡。另外，書中部分人名因故是虛構的，但大部分是真實姓名。內容是「春之旅」、「夏之旅」及「秋之旅」三章，但實際上是將三年半的採訪內容分類而來。之所以沒有「冬之旅」，是因為這樣的旅程今後還會繼續下去，屆時再以「冬之旅」做完結。

特別感謝受災區願意將私事說出口的各位。同時也謝謝通大寺的金田諦應先生、高田醫院前院長石本幹人先生、熊谷光良和聖子夫婦，小山圭璋先生、河北新報的中島剛及古賀佑美兩位，還有《東海新報》、《三陸新報》、《岩手日報》、《氣仙沼災害ＦＭ》各社的協助。也非常感謝願意提供珍貴相片的各位。
再次謝謝《新潮》月刊的矢野優，以及改版單行本時提供協助的丸山秀樹。

奥野修司

一起來　光 009

如果能撫平悲傷

3.11後的奇蹟相會，歷時三年半深度傾聽，16篇「無法證實」的真實故事

作　　者　奧野修司
譯　　者　張秀慧
編　　輯　林子揚
編輯協力　許訓彰
總 編 輯　陳旭華
電　　郵　steve@bookrep.com.tw
社　　長　郭重興
發行人兼出版總監　曾大福
出版單位　一起來出版／遠足文化事業股份有限公司
發　　行　遠足文化事業股份有限公司
www.bookrep.com.tw
23141 新北市新店區民權路 108-2 號 9 樓
電話｜02-22181417　傳真｜02-86671851
排　　版　宸遠彩藝
法律顧問　華洋法律事務所　蘇文生律師
初版一刷　2019 年 3 月
定　　價　360 元

Tamashi demo Iikara, Sobaniite 3.11 go no Reitaiken wo Kiku

Originally published in Japan by SHINCHOSHA Publishing Co., Ltd., Tokyo
Chinese translation rights in complex characters arranged with SHINCHOSHA Publishing Co., Ltd. through Japan UNI Agency, Inc., Tokyo

國家圖書館出版品預行編目(CIP)資料

如果能撫平悲傷：3.11後的奇蹟相會，歷時三年半深度傾聽，16篇「無法證實」的真實故事/ 奧野修司作 ; 張秀慧譯. -- 初版. -- 新北市 : 一起來出版 : 遠足文化發行, 2019.03

面 ;　公分. -- (一起來光 ; 9)

譯自 : 魂でもいいから、そばにいて : 3・11 後の霊体験を聞く

ISBN 978-986-96627-5-8(平裝)

1.震災 2.報導文學 3.日本

548.317　　107023103